흐름으로 읽는

서양건축의
역사

배대승 저

건축을 전공하는 사람들이 건축사를 배우는 것은 지난 역사를 기억하는 것뿐만 아니라 미래의 건축 창조를 위하여 교훈을 삼고자하는 중요한 목적 때문이다. 꼭 건축사를 전공하지 않더라도 건축 분야에 종사하기 위해서는 지난 건축 경향의 흐름을 정확히 알아야 한다. 이는 그 내용을 바탕으로 현대건축을 창조하기 위해서다. 하지만 건축의 역사를 장황하게 나열하자면 너무도 방대하여 망망대해에서 방황하는 듯한 느낌을 줄 수도 있다. 따라서 간략하고 명확하게 전체적인 이해를 도울 수 있는 길잡이가 필요하다. 이를 위해서는 처음부터 건축사의 깊이 있는 전문적 연구 분석을 이해시키는 것보다는 전체적인 조망을 통해 시야를 넓혀주는 교재가 우선적으로 필요하며, 이를 바탕으로 좀 더 깊이 있는 내용을 접하는 것이 건축사를 공부하는 순서라고 필자는 생각한다.

고대 건축부터 현대 건축에 이르기까지 건축사의 흐름을 정리하노라면 이집트 건축의 큰 규모와 그리스 건축의 수학과 기하학적 응용이 그 후의 건축 경향에 지대한 영향을 끼쳤음을 알 수 있다. 로마 시대의 건축은 앞선 경험을 바탕으로 확대 재창조한 작업 내용을 넓은 영토에 보급시킨 업적이 크며, 현대 유럽 건축 문화의 바탕을 형성하였다. 정치적 영향력을 바탕으로 로마 시대의 건축이 발달한 반면에 문화적인 측면에서 유럽의 건축사가 독자성을 찾는 것은 서기

1000년대 이후부터 시작한다. 다양한 인종과 복합적인 지리적 여건 사이에서 가장 동질적인 요소를 확고히 해주었던 것은 바로 유럽의 중세사회 활동에서 중요한 부분을 차지했던 기독교라는 것은 의심할 여지가 없다. 역사란 시간과의 연관성 속에서 사실을 연구하는 것인 만큼 지역성 또한 고려해야 하므로 독립된 과학 분야인 지리학은 역사과학에도 기여하고 있는 것이다.

하지만 중세의 유럽적인 성격의 주요 골격을 이룬 기독교는 이어서 전제군주, 부르주아의 정치적인 힘에 의해서, 그리고 과학적, 기술적, 산업적, 중상주의적 합리주의에 의해서 돌이킬 수 없이 점차 자리를 빼앗기게 되었다. 동시에 유럽 사람들의 사고방식은 유럽 대륙과 지구와의 관계에 공통적인 독자성을 형성하게 되었다.

이 책에서는 부분적으로 서기 1000년대의 유럽건축사를 소개하면서 일단 전반적인 고고학적 연구는 배제하고 있다. 이 책은 역사학적, 지리학적 분야의 보편성을 받아들이기 위해서 약간의 거리를 유지한 채 관망하면서 가장 두드러진 역사적 사실 내용만을 채택하여 포괄적인 이미지를 전달하는 데 중점을 둔다. 따라서 필자는 이러한 조건에서 유럽건축의 진솔한 표현과 도시와의 구성을 담은 도표를 작성하였으며, 이 도표는 건축된 형태와 그 형태를 빚어서 만든 힘의 특징을 나타내는 데 목표를 두고 있다.

건축은 건축물이 자리 잡은 영역의 의미를 나타내는 데 넓게 관여한다. 한편 건축은 종교적, 전략적, 또는 미적 이유 때문에 채택한 땅의 가치를 자기의 것으로 삼는다. 그리하여 건물들은 우주와 연관된 다양한 속사俗事에 대한 자국을 남기면서 공간에 표식을 남겨둔다. 건축물을 지어가면서 공간은 경관이 되고 국토를 이루게 된다. 모든 형태 아래 건축은 시간과 공간 속에서 유럽 문화의 특성과 다양성을 가장 함축적으로 보여주는 표시 중의 하나가 되는 것이다.

하지만 한 지역의 주거와 전통적인 건조물의 유행을 영구히 존속시키는 토속건축Vernacular architecture은 여기에서 다루지 않았다. 그 이유는 토속건축은 차라리 인류학, 인문지리학, 또는 기술사에 속한다고 볼 수 있기 때문이며, 토속건축은 건축가에게 의뢰하지 않고도 고안되고 지어지는 것이기 때문이다.

이 책에서 취급한 내용은 학술적인 건축이라고 부를 수 있는 것들, 즉 건축가나 장인기술자의 지도하에 도면에 그려지고 지어진 것들이다. 결국 이러한 건축적 규약을 거친 작품의 제작과정은 수주, 프로그램, 조형적 · 상징적 가치, 재료의 선택과 완성을 거치는 다양한 적용 속에서 프로젝트의 개념에 필요한 지식 전체에 의존하게 된다.

이러한 다양한 작업 중에 건축가는 창작 과정을 제어하기 위해서 각종 표현 방식, 즉 연구용 크로키, 평면, 입면, 단면, 투시도, 모형 등을 사용한다. 이어서 건축가는 그가 창안한 형태를 짓는 임무를 부여받은 팀에게 필요한 기술적 자료를 그림과 기호언어로 전환시킨다.

물론, 출자인이며 수주에 관한한 권한을 가진 건축주의 역할은 프로젝트를 설립하고 프로그램을 확정짓는 것이기 때문에, 즉 기능적으로 큰 방향을 제시하고 때로는 형태적·상징적으로 방향을 제시하기 때문에 매우 중요한 것이다. 그렇기 때문에 일정한 기간 동안 관찰된 공공수주 혹은 일반수주는 정치적 선택이나 사회적 행실을 나타내주는 것이기도 하다.

건축가는 때로 이율배반적인 수많은 매개변수를 산정하고 조합하면서 문제의식을 가질 줄 아는 창조자이다. 그래서 건축가에게 부여된 요구들이 다양한 원인과 결과로 인한 법규로 된 모든 종류의 속박에도 불구하고 건축주(건축가를 지명하는 사람)는 프로그램화 된 기능을 조화시키고 효율적으로 받아들일, 준비된 형태에 의해 구별된 뛰어난 작품을 만들기 위한 자유의 일부분을 거의 항상 소유한다.

다시 말해 건축 작품은 표현작품, 예술작품이 될 수 있다는 것이다. 이런 면에서 건축은 조형예술에도 관여하는 것이다. 그래서 건축가가 자기 작품에 거의 나르시시즘에 이르는 자신의 자아표시를 드러낼 수도 있는 것이다. 건축은 작가의 독특한 양식적 요소를 형태로 나타내고, 전체적인 양식에 공통적 흔적을 지닌 작품들과 연관된 가치를 부여받는다. 그리고 일반적으로 팀 작업을 하는 건축가의 창작 작업은 임무를 나누어 분담하게 된다.

어찌되었든 건축사는 우리가 건축사의 일부분으로 받아들여야 하는 사회적 기능이나 기술 분야에 우선을 두지 않는 한 예술사의 분야인 것이다. 모든 건축사는 대부분의 경우 15세기 이래로부터 밀접하게 연결되어 있는 건축과 도시계획 개발을 수반하면서 지어지거나 계획된 작품이며 이론서의 해석에 근간하여 쓰였다.

중세 시대부터 건축은 변화되었으며 건축가의 위상이나 실무도 변화되었다. 오늘날은 잠재되어 있는 기술이 형태 창조를 위해 엄청난 영역을 개척한 반면 창조를 위해서는 법규제약과 같은 수많은 관여조건으로 인해 속박당한 느낌을 가지게 된다. 더욱 원천적인 문제는 개념작업 단계에 난입한 컴퓨터가 프로젝트 실무를 근본적으로 지적이고 상징적이며 기술적인 작업으로 전환시키고 있다는 것이다.

건축 작품을 형태로 나타내지 않고서 언급한다는 것은 그 작품의 이해를 불확실하게 만든다. 이 책에서 개개의 건물에 대해서 풍부하게 서술하는 것은 본래의 의도가 아니므로 독자들은 사전식으로 서

술된 책을 통하여 보충할 수 있을 것이다. 그리고 무엇보다 더 권하는 것은 기회 닿는 대로 작품들을 직접 가서 보라는 것이다. 이러한 경험은 어느 것과도 바꿀 수 없는 귀중한 것이다. 많은 건물을 직접 경험한 사람은 풍요로운 개념을 가질 수 있고, 이를 바탕으로 상상력을 발전시켜 좋은 건축을 만들어낼 수 있을 것이다.

마지막으로 이 책을 완성하기까지 많은 분들의 도움이 있었는데, 특히 도서출판 대가의 김호석 사장님의 적극적인 지원에 감사를 드린다. 이 책이 서양건축사의 내용을 건축에 관심 있는 분들에게 효율적으로 알려줄 수 있는 다리의 역할을 할 수 있다면 이보다 큰 보람은 없으리라 생각한다.

2013년 12월
연구실에서 배대승

차례

제1장 고대 건축

1. 고대 건축 · 014
2. 이집트 건축 · 015
  (1) 분묘건축 · 016
  (2) 스핑크스 · 021
  (3) 오벨리스크 · 022
  (4) 신전 · 023
3. 메소포타미아 건축 · 027
  (1) 바빌론 국가의 형성 · 027
  (2) 아시리아 제국 · 028

제2장 그리스 건축

1. 에게 시대의 건축 · 034
2. 그리스 도시 · 035
3. 아크로폴리스 · 038
4. 그리스 극장 · 047

제3장 로마 건축

1. 로마의 형성 · 052
2. 로마의 도시계획 · 054
3. 로마 공공건축 · 059
4. 포럼 · 067

5. 신전과 무덤   • 069

6. 극장과 경기장   • 073

7. 공중 목욕장   • 078

제4장 로마네스크 건축

1. 로마네스크 초기   • 080

2. 후기 로마네스크 양식   • 087

제5장 고딕 건축(12~16세기 초)

1. 중세도시   • 094

2. 대성당의 건축   • 100

3. 새로운 양식의 완성   • 104

4. 개화와 확장   • 108

5. 불꽃식 고딕   • 113

6. 건축적 장식의 중요성   • 114

7. 유리창   • 115

8. 영국식 고딕   • 116

9. 독일식 고딕   • 121

10. 이베리아 고딕   • 122

11. 이탈리아 고딕   • 124

12. 군사용 건축   • 127

제6장 이탈리아 · 유럽의 르네상스

1. 이탈리아의 르네상스 •132
　(1) 인본주의자 •132
　(2) 완성된 작품: 피렌체 대성당의 돔 •133
　(3) 브루넬레스키의 공간 •135
　(4) 알베르티의 건축이론 •136
　(5) 도시: 이론과 실제 •138
　(6) 피렌체의 도시궁전 •140
　(7) 로마에서의 르네상스: 고전주의를 향하여 •143
　(8) 성 베드로 성당 •144
　(9) 매너리즘 •150
　(10) 깜삐돌리오 광장과 16세기의 도시설계 •151
　(11) 민간건축 •154
　(12) 빌라건축 •156
　(13) 반개혁 성향의 교회 •158
2. 유럽의 르네상스 •161
　(1) 프랑스 •161
　(2) 스페인과 포르투갈 •167
　(3) 영국 •169
　(4) 독일과 중앙유럽 •170

제7장 고전주의: 규칙과 권력

1. 프랑스에서의 고전주의: 첫 번째 발현 •175
2. 고전적 언어의 구상 •177

3. 보 르 비꽁뜨 성과 프랑스의 주된 양식 • 181

4. 베르사이유: 예술과 절대주의 • 184

5. 베르사이유를 제외한 건축 • 191

6. 건축학회와 공식예술 • 193

7. 영국의 고전주의 • 195

제8장 **바로크**: 새로운 건축적 · 도시적 공간

1. 이탈리아의 바로크 • 200

　　(1) 베르니니와 보로미니의 설립자적인 작품들 • 200

　　(2) 보급과 다양성 • 206

2. 중앙유럽에서의 바로크 • 209

　　(1) 오스트리아 영역 • 210

　　(2) 독일 영역 • 211

3. 이베리아 반도의 바로크: 스페인과 포르투갈 • 214

4. 영국식 바로크 • 218

제9장 신고전주의, 빛의 건축(1750~1820)

1. 새롭게 만든 고고학적 모델 • 222

2. 이론적, 구조적 합리성 • 224

3. 프랑스에서의 신고전주의 • 226

4. 환상을 품는 건축가들 • 230

5. 영국에서의 신고전주의 • 234

6. 영국에서의 신고전주의 도시계획 • 236

7. 유럽에서의 신고전주의 보급 • 240

8. 신그리스 양식, 'Greek Revival' • 243

 제10장 19세기 건축: 역사주의와 공업의 사이에서

1. 다수의 역사주의자들 • 248

　(1) 고딕양식의 복귀 • 248

　(2) 영국에서의 신고딕 양식: 회화적인 것에서부터 사회비평에

　　이르기까지 • 249

　(3) 독일에서의 신고딕 양식과 민족주의 • 254

　(4) 프랑스에서의 신고딕 양식: 세습적이고도 합리적인 자각 • 256

　(5) 절충주의 또는 포화상태의 역사주의 • 258

2. 건축과 공업 • 264

　(1) 건축에 있어서의 공업의 개입 • 264

　(2) 엔지니어의 역할 • 268

　(3) 상대적으로 고립된 건축가들 • 270

　(4) 합리주의 흐름: 새로운 유형학과 건축혁신 • 271

3. 도시계획에 대한 여러 가지 생각 • 278

　(1) 유토피아로부터 수도에 이르기까지 • 278

　(2) 문화주의의 대안책 • 281

4. '아르누보'의 해방 • 283

찾아보기 • 294

사진 출처 • 308

제1장
고대 건축

1. 고대 건축

2. 이집트 건축

3. 메소포타미아 건축

1. 고대 건축

그림 1-1 고인돌

고대 원시인들은 기후 조건이 좋은 곳을 찾아 이동해 다니면서 처음에는 스페인 지방의 카스텔론Castellon, 지중해의 르방Levant 지방에 있는 호쉬Hosh, 제리코Jericho, 사마르라Samarra 또는 아나토리아Anatoria 지방에 있는 카탈 후유크Catal Huyuk 등의 동굴과 같은 천연적인 보호공간에서 생활하였다. 그 흔적으로 각종 벽화, 생활도구, 사냥도구 등이 발견되어 당시의 수렵활동 위주의 생활상을 짐작케 해주고 있다. 건축재료도 점토, 흙, 석재, 목재 등 비교적 가공하기 수월한 재료를 사용하여 일차적으로 기후로부터 내부공간을 차단해주고 있다. 또 기능면에서는 생활을 위한 부분과 신을 위한 제사 기능 부분을 함께 두고 있다(사당 주택Shrine dwelling, 카탈 후유크Catal Huyuk, B.C. 6250~5400).

유목 시대에는 잦은 이동에 편리한 천막주거가 등장하여 첨탑식 Steeple 천막주거와 굴절식Bended 천막주거 형태가 나타난다. 농경 시대에는 초가움막Hut을 사용한 주거형태가 등장하여 본격적인 정주생활을 하게 된다. 신석기 시대 이후에 돌을 가공하는 기술이 발달하면서 거대한 돌을 하나 혹은 여러 개 사용하여 만든 거석건축이 등장한다. 이러한 거석건축에는 멘히르Menhir, 줄지어선 비석Stone Alignements, 환형 비석Stone Circle, 탁자석Dolmen, 스톤헨지Stonehenge 등이

그림 1-2
샐리스버리 고인돌(B.C.2600~2100)

있는데, 그중 영국 윌트쉬어Wiltshire의 샐리스버리Salisbury 평원에 있는 스톤헨지(B.C. 2600~2100)는 청동기 시대의 대표적 거석건축으로 원을 그리며 비석이 중첩되게 배치되어 있다.

2. 이집트 건축

기후가 온난하고 땅이 비옥한 이집트의 나일 강 유역에서 B.C. 3100년경 메네스Menes가 42개 주에 이르는 소국가를 규합하여 건국하고 멤피스Memphis에 도읍을 정하였다. 이집트 왕조는 초기 왕조(B.C. 5000~3200), 고왕조(제1~10왕조, B.C. 3200~2160), 중왕조(제11~17왕조, B.C. 2160~1580), 신왕조(제18~26왕조, B.C. 1580~525)로 분류되며, B.C. 525년에 페르시아에 멸망당한 후 외국의 지배하에 들어간다. 초기 왕조 시대에는 유럽과 비슷한 동굴주거와 벽화유적이 발견되고 있고, 고왕조 시대에 마스터바Mastaba와 피라미드Pyramid를 중심으로 한 분묘건축이 성행한다. B.C. 2500년경 이집트 나일 강 오른쪽 기슭, 카이로 서쪽 사막지대인 멤피스 지방에 돌과 벽돌로 된 정사각추Pyramid 모양의 건조물이 건축되었다. 이 가운데 마스터바는 제2, 3왕조 시대에 많이 만들어졌으며, 피라미드는 고왕조 시대인 3, 4왕조 때에 만들어졌다. 이 시대에 왕은 왕비와 함께 피라미드 형태의 거대한 구조물에 묻혔다. 중왕조 시대에는 수도를 멤피스에서 나일 강을 따라 협곡 지역인 테베Thebes로 옮기고, 지형상 거대한 분묘 대신 산허리나 절벽을 파서 암굴분묘를 만들게 된다. 신왕조 시대에 수도 테베는 국제도시가 되었고 많은 신전과 왕묘, 왕비묘가 만들어져 왕가의 계곡이나 왕비가의 계곡을 이루게 된다.

(1) 분묘건축(마스타바, 피라미드)

고대 이집트인들은 사후 세계의 존재를 굳게 믿었으며 시신과 수장품을 영구히 보존하기 위한 장치를 갖춘 오래 존속할 무덤을 짓는 데 최선을 다하였다. 그들은 사후의 생명이 육체의 보존에 의존한다고 믿어 부활의 날에 죽은 자의 영혼, 즉 '카Ka'가 다시 한 번 그의 몸속으로 들어갈 것이기 때문에 몸은 거기에 온전하게 있어서 그때를 맞이해야 한다고 믿었다. 건조한 사막의 기후는 시체보존을 도와주었고, 방부 처리된 시체는 미이라로 견고한 무덤 내부에 보존되었으며, 도굴로부터 안전하게 소장품들이 보관되도록 하기 위한 각종 장치가 고안되었다. 기제의 피라미드군은 왕권이 가장 강성했던 기원전 2600년경에 만들어졌다. 그 후에도 피라미드가 지어지긴 했으나 건축적 성과나 신앙의 중요성이 떨어진 복고풍이었다. 현재 이집트에는 90개 정도의 피라미드가 있으나 대부분 모래와 자갈로 분해된 고고학적 피라미드에 불과하다.

미이라의 영원한 삶의 공간은 마스터바, 피라미드, 석굴분묘Temple의 세 형태가 있는데, 마스터바는 계단 모양의 측면들과 평평한 정상부를 가진 소규모의 직사각형 구조물로 수직통로를 통해 외부와 연결되는 지하 묘실 위에 세워졌다. 마스터바의 단순한 입체 형태는 이집트인의 영원함과 안전에 대한 갈망 그리고 사후 세계에 대한 관심을 나타내며, 그 이면에는 존재와 삶을 영원히 이어가려는 인간의 본질적 욕구가 자리 잡고 있다.

마스터바란 말의 뜻은 평탄한 탁상이라는 뜻으로 평면이 장방형이고 남북으로 길게 되어 있으며 외벽은 경사지게 되어 있다. 고대 이집트인은 현세의 주택은 임시적인 것이고 사후의 주거를 영원한

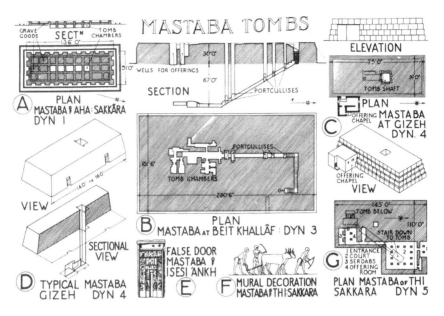

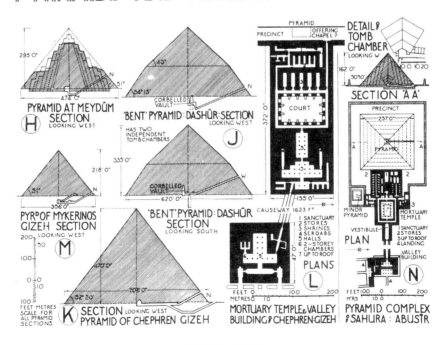

그림 1-3 마스터바

그림 1-4 계단형 피라미드

주거로 여겼기 때문에 마스터바에서 좀 더 상징적으로 발전된 피라미드는 계단형step, 굴절형bend, 일반형common 피라미드로 형태가 변천하였다. 계단 피라미드에서부터 시작된 피라미드는 미이라가 된 파라오와 그의 재산을 보호하는 기능, 그리고 파라오의 절대적이고 신과 같은 권력을 상징하는 이중의 기능을 갖고 있으며 '카'의 영원한 존재를 시각적으로 형상화한다. 기제Gizeh의 피라미드 이전 최대의 피라미드인 조세르Zoser 왕의 계단 피라미드군은 역사상 최초의 건축가인 임호텝Imhotep이 설계한 대규모 분묘 복합 건물군으로 나일 강의 쉬지 않는 흐름에서 영감을 받아 영원성과 연속성을 표현한다. 기제의 피라미드들은 제4왕조의 세 명의 파라오를 위한 것으로 케오프스Cheops, 케프렌Chephren, 미케리누스Mykerinus 세 명의 왕에 의하여 건설되었다. 제4왕조의 케오프스 왕은 기제의 서쪽 5마일 지점 서북쪽 구석에 최대 규모의 피라미드를 지었으며, 그의 두 후계자도 같은 장소에 자신들의 피라미드를 지었다. 기제의 피라미드들은 마스터바에서 시작된 건축이 진화한 것으로, 전체적인 건축군이 조세르 왕 계단 피라미드만큼 치밀하고 엄격한 통일성을 갖고 있지는 않다.

이 중에서 가장 큰 케오프스 왕의 피라미드는 밑변의 길이가 230미터에 5.29헥타르의 면적을 차지하고 원래 높이는 146미터였다. 돌하나의 평균 무게가 2.5톤이고 최고 15톤에 이르는 230만 개의 돌로 전체 무게가 625만 톤의 돌을 쌓아 구성하였다. 피라미드를 건조할 때에 관한 기록은 매우 인상적인데 헤로도투스Herodotus에 의하면 10만 명의 일꾼이 20년 동안 양파로 영양을 취하며 일했다고 한다. 거대한 돌덩이들을 나일 강 홍수로 수위가 높을 때 채석장으로부터 짐배를 이용하여 강에서 피라미드 현장까지 가져왔으며, 경사로에서

그림 1-5 케오프스 왕 피라미드

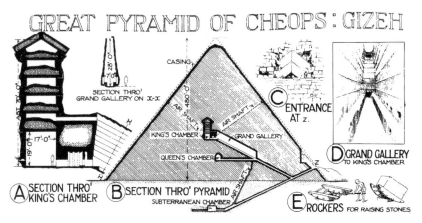

GREAT PYRAMID OF CHEOPS : GIZEH

A SECTION THRO' KING'S CHAMBER

B SECTION THRO' PYRAMID
SUBTERRANEAN CHAMBER

SECTION THRO' GRAND GALLERY ON X-X

CASING
AIR SHAFT
KING'S CHAMBER
GRAND GALLERY
QUEEN'S CHAMBER
AIR SHAFT

C ENTRANCE AT z.

D GRAND GALLERY TO KINGS CHAMBER

E ROCKERS FOR RAISING STONES

FUNERARY TEMPLE ♀ MENTUHETEP DÊR EL BAHARI

TOMBS : BENI·HASAN

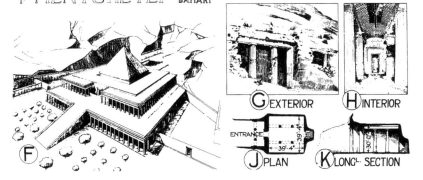

F

G EXTERIOR

H INTERIOR

J PLAN
ENTRANCE

K LONG SECTION

TOMBS OF THE KINGS : THEBES

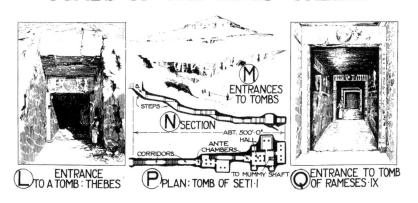

L ENTRANCE TO A TOMB : THEBES

M ENTRANCES TO TOMBS

N SECTION
STEPS
ABT. 500' 0" HALL
ANTE CHAMBERS
CORRIDORS
TO MUMMY SHAFT

P PLAN : TOMB OF SETI·I

Q ENTRANCE TO TOMB OF RAMESES·IX

그림 1-6 케오프스 왕 피라미드 내부평면

는 쐐기, 지렛대, 깔판, 썰매 등을 이용하여 운반하였다고 전한다.

케오프스 왕 피라미드의 내부는 대회랑을 지나 파라오의 묘실로 들어가게 되어 있다. 왕의 묘실 아래쪽에는 왕비의 묘실이 있으며, 왕의 묘실로 연결되는 환기공은 피라미드의 표면에서 거의 수직으로 뚫려 있다. 왕의 묘실의 크기는 정확히 2:1 비례인 10.45×5.20미터이며 대회랑의 높이는 8.50미터이다.

이 피라미드의 동쪽에 제례가 행해지는 작은 신전이 있고, 지붕 덮인 높은 길을 따라 스핑크스가 있는 계곡의 신전으로 이어진다. 계곡의 신전은 가구식 구조로 가장 단순하면서도 절제된 추상적 형태이다. 케오프스 왕과 케프렌 왕이 106년을 다스리고, 이후 미케리누스 왕이 45년을 더 통치해 멘카우라 왕이 마지막 피라미드를 만들었는데, 그의 피라미드는 케오프스 왕 피라미드의 1/4 정도 규모이다. 피라미드의 구조는 견고한 원추형 중심핵과 여기에 기대어 있는 몇 겹의 경사진 벽들로 구성되며 다듬어진 석회석으로 마감되어 있다. 표면은 평탄하게 마무리되었고 외부마감과 구조벽 사이는 잡석으로 메워졌다. 이러한 구조체계는 힘의 작용과 구조 해석에 대해 이들이 높은 수준의 지식을 지니고 있었다는 것을 보여준다. 수평력의 1/3만을 중심핵이 지탱하고 나머지는 지반으로 전달되도록 하였기에 지진을 포함한 모든 힘을 견디어 수천 년을 지속해온 것이다. 대회랑과 묘실 이외의 부분은 모두 석회석을 쌓아 만들었다. 흰색의 석회석으로 피복한 피라미드의 표면은 매우 정확하게 재단되어 있어 그 접합부분을 육안으로는 거의 식별할 수 없을 정도이다. 내부 공간인 위로 경사진 대회랑 양쪽에는 위로 갈수록 더 돌출되도록 석재를 쌓았으며 낱낱의 석재는 평탄하게 피복되어 있다.

피라미드의 용도에 대해 분묘설 외에 천체 관측소설이 있는데,

외벽의 경사각도, 배치 방법, 경사로 방향, 환기통 각도 등과 천체 각도의 연관성이 이를 입증해 주고 있다.

(2) 스핑크스Sphinx

무덤의 수호신이며 동시에 재단으로도 사용된 것으로 추측되는 스핑크스는 짐승의 머리에 사람의 몸獸頭人身을 가진 것과 사람의 머리에 짐승의 몸人頭獸身을 가진 두 가지 형식이 있다. 전자는 토테미즘Totemism(동물을 조상으로 인식하는 관념)에 따라 표현되어 마스터바와 피라미드와 함께 신전과 궁전의 내부에 입상으로 안치했고, 후자는 신과 사람을 동격으로 보는 관념Anthropomorphism에 따라 신전참도Dromos, 神殿參道 양측에 노변 스핑크스Street Sphinx로 나열시키거나 피라미드와 독립시켜 대형화시켰다. 노변 스핑크스로 유명한 것은 카르낙Karnac의 암몬 대신전 경내에 위치한 콘즈Khons 신전에서 룩소르Luxor의 무트Mut 신전까지 4.2킬로미터 거리에 이르러 정면 파일론

그림 1-7 스핑크스

제1장 고대 건축 · 21

그림 1-8 오벨리스크(B.C.2560~2420) 스핑크스

앞에 있는 것으로 수도 양측 노변에 각가 20기 씩 총 40기가 있는데 양의 머리와 사자의 몸을 한 형태이며 람세스2세(B.C. 1301~1234) 때 만든 것이다. 기제Gizeh의 인두사자신人頭獅子身의 형상을 한 대스핑크스는 절대 권력을 지닌 파라오, 즉 케프렌 왕의 자아상을 표현한 것으로 추정된다.

(3) 오벨리스크Obelisk

오벨리스크는 그리스어이며, 고대 이집트인은 테켄Tekhen이라 불렀다. 태양신의 상징으로 제5왕조(B.C. 2560~2420) 시대에 만들어진 오벨리스크는 초기에는 피라미드의 전면에 건립되었으며, 거대한 하나의 석재를 사각형 탑 모양으로 가공하여 위로 갈수록 점점 가늘어지다가 정점에서 사각뿔 모양으로 끝맺은 형상을 한 기념비로 신주神柱로 여겨졌었다. 중앙부분은 배불림Entasis 처리를 하여 착시현상을 미리 교정하는 효과를 보여주고 있다. 룩소르Luxor 신전 앞 양쪽에 비대칭으로 배치된 오벨리스크는 길이가 짧은 오벨리스크를 좀 더 전면에 배치함으로써 시각적으로 크기가 같아 보이게 교정해 주는 효과를 나타내고 있다.

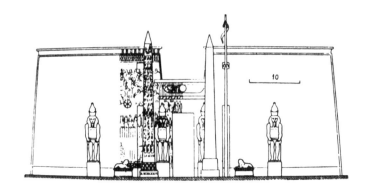

그림 1-9 룩소르 신전 앞 양쪽에 비대칭으로 배치된 오벨리스크

(4) 신전Temple

장제신전葬祭神殿은 마스터바와 피라미드의 불합리한 점을 개선하여
소규모의 암굴분묘岩窟墳墓로 바꾼 공간분묘空間墳墓의 개념으로, 테베
지방의 중흥 시대를 맞이하여 지어졌다. 델엘바하리DEL-EL-BAHARI에
있는 핫셉수트Hatshepsut 여왕신전(B.C. 1501)은 건축과 주위경관의 관
계를 미적으로 인식하여 지은 장제신전이다. 대체로 그 배치는 보통
신전의 배치, 즉 가로街路, 전정forecourt, 내부의 영묘 등과 비슷하나 가
파른 산 절벽의 기슭에 있는 벼랑을 등지고 서 있다는 것이 그 전체

그림 1-10 델엘바하리에 있는 핫셉수트
여왕신전(B.C.1501)

그림 1-11 암몬 신전
(카르낙, B.C.1971~633)

적 성격을 바꾼다. 길과 접근로는 인상적인 일련의 경사로 앞에서 끝이 나고 경사로는 하나의 플랫폼platform에서 다른 플랫폼으로 올라가도록 유도한다. 플랫폼 앞부분에는 열주랑을 두었고 뒤의 벽에 새기고 채색한 양각 내용은 여왕의 성스러운 탄생, 정벌, 건축적 성위에 관한 것이다. 위의 플랫폼에서는 나일 강을 광범위하게 조망할 수 있으며, 단순하게 처리한 건물 형태와 벼랑의 대조적 조화와 경관을 고려한 건축에 대한 이해는 이집트 건축이 유럽건축에 이바지한 점의 하나로 추가해야 한다.

예배신전禮拜神殿은 태양신 라Ra와 암몬Ammon을 비롯해서 이의 방계신을 위한 예배만을 위해 지어졌다. 룩소르 대신전(B.C. 1411~1225)은 아멘호테프Amenhotep 3세(B.C. 1411~1375)가 수도 테베 근처에 암몬 신을 위한 대신전을 창건하고 람세스 2세(B.C. 1301~1234)가 제2중정에서 파일론과 오벨리스크까지 보완하여 완성하였다. 포장된 참도參道에는 노변 스핑크스Street Sphinx가 세워지고 카르낙Karnac의 콘스Khons 신전까지 4.2킬로미터의 참도參道가 있었음

→ **그림 1-12** 룩소르 신전
← **그림 1-13** 룩소르 신전 내부 기둥

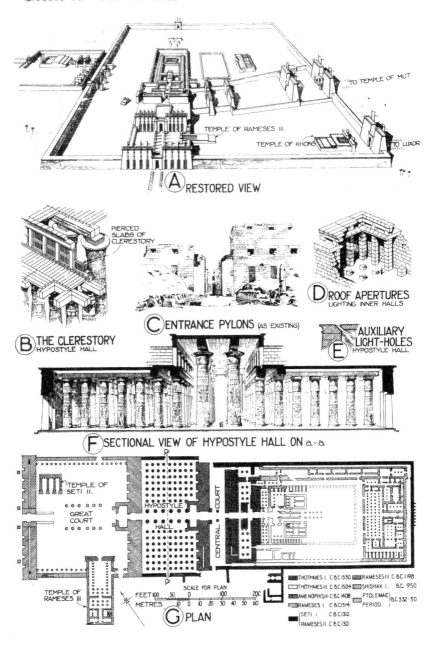

GREAT TEMPLE OF AMUN : KARNAK

Ⓐ RESTORED VIEW

...TO TEMPLE OF MUT

TEMPLE OF RAMESES III.

TEMPLE OF KHONS

...TO LUXOR

PIERCED SLABS OF CLERESTORY

Ⓓ ROOF APERTURES
LIGHTING INNER HALLS

Ⓒ ENTRANCE PYLONS (AS EXISTING)

Ⓑ THE CLERESTORY
HYPOSTYLE HALL

Ⓔ AUXILIARY LIGHT-HOLES
HYPOSTYLE HALL

Ⓕ SECTIONAL VIEW OF HYPOSTYLE HALL ON a-a

TEMPLE OF SETI II.

HYPOSTYLE HALL

CENTRAL COURT

GREAT COURT

TEMPLE OF RAMESES III

SCALE FOR PLAN

FEET 100 50 0   100   200

METRES 10   0   10 20 30 40 50 60

Ⓖ PLAN

THOTHMES I. C.BC.1530   RAMESES III. C.BC.1198
THOTHMES III. C.BC.1504   SHISHAK I.   BC. 950
AMENOPHIS III. C.BC.1408   PTOLEMAIC   BC.332-30
RAMESES I. C.BC.1314   PERIOD
SETI I.   C.BC.1312
RAMESES II. C.BC.1301

그림 1-4 암몬 신전 평면

이 발굴에 의해 밝혀졌다. 라메세움Ramesseum 신전(B.C. 1301)은 람세스2세에 의해 건설되었으며 태양신의 아들 월신月神, Khons을 위해 세워졌다. 평면구성은 파일론Pylon, 제1중정, 제2중정, 거대 기둥 홀Grand Hypostyle Hall, 작은 홀Minor Hall, 성소Sanctuary의 기능이 기다란 축선상에 좌우 대칭적으로 계획되었다. 암몬 신전(Karnac, B.C. 1971~633)은 고대 테베의 나일 동쪽 기슭 카르낙에 있는 대신전으로 일국가신—國家神 또는 모든 신의 왕으로서 추앙받은 태양신 암몬라를 신봉하는 이집트 최대의 신전이며, 전체 평면구성은 라메세움 신전을 확대한 형식으로 거대 기둥 홀의 클리어스토리Clearstory에서 채광되는 광선으로 실내에 장엄한 분위기를 자아낸다. 이러한 채광 방식은 후에 유럽 성당건축에서 네이브Nave가 아일Ailes 위로 불쑥 올라와 채광을 해주는 방식으로 발전한다.

아부심벨Abu-Simbel 대암굴 신전(B.C. 1301)은 람세스2세의 장제신전이라고도 하며, 왕권을 기념비적으로 과시하기 위하여 암석절벽을 다듬어 거대한 돌로 된 자신의 상을 사실적 조각상으로 새겨놓았

그림 1-15 아부심벨 대암굴 신전 (B.C.1301)

다. 이는 델엘바하리에 있는 핫셉수트 여왕신전이 몇 안 되는 강렬한 직선만 살려놓고 모든 조각적 장식을 배제한 방법과 크게 대조적이다. 아스원 댐의 건설로 수위가 올라가 안전지대로 이전 복원(1963~1968)하였다. 카르낙의 대암몬 신전의 경내에 있는 독립된 콘스Khons 신전(B.C. 1200)은 이집트 신전의 특성을 잘 나타내주고 있다. 이 신전의 정문인 파일론Pylon의 앞에는 참도參道에 따라 양¥이나 스핑크스가 길 양쪽에 배열되어 있고 2기의 오벨리스크가 배치되어 있다. 이어서 중정과 열주랑으로 되어 있고 기둥 홀의 중앙부에 2열의 기둥은 높게 설치되어 불쑥 올라와 채광을 해주는 방식으로 자연 채광을 가능하게 해주고 있으며 성소Sanctuary 부분은 어두우면서 천정을 낮게 하여 신상을 모셔놓았다.

3. 메소포타미아 건축

(1) 바빌론Babylon 국가의 형성(B.C. 2000~1600)

B.C. 2000년 무렵 우르 제3왕조가 몰락하고 메소포타미아 지방은 많은 작은 도시국가들로 분열되었다. 그 가운데 바빌론은 함무라비 왕(B.C. 1792~1750)이 통치하는 기간 동안 국가가 부흥하여 처음으로 명성을 날렸다.

함무라비 왕은 군림한 지 29년째부터 군사 활동을 전개하여 남서이란에 위치한 엘람Elam 왕을 굴복시켜 메소포타미아 남부 지방에서 가장 강력한 국가를 정복하였다. 그 후 함무라비 왕은 북쪽으로 관심을 돌려 결국 마리Mari 도시국가를 점령하였다. 바빌론은 정치·문

그림 1-16 바빌론 이쉬타르 문과 문장식

화·종교 중심국가로 거대한 제국을 형성하였다. 설형문자 기록에 의하면 이 시기에 광범위한 농업혁명이 이루어져 무역 교류와 문학적·과학적 발전을 촉진했다고 한다.

함무라비 왕이 죽은 후에 바빌론 제국은 서서히 분열되었다. 하지만 바빌론은 중요한 도시로 존속하였고 B.C. 1595년 중앙 터키 지방의 힛타이트Hittites에 의해 약탈당하였다.

(2) 아시리아 제국

기원전 7세기에 중동 지방의 수도는 세나체립Sennacherib 왕과 아쉬르바니팔Ashurbanipal 왕이 완성한 화려한 궁전이 있는 부유하고 국제적인 도시 니네브Nineveh였다. 하지만 아시리아 제국은 나라 안팎으로부터 침략 위협을 받으며 점차 약해져갔다.

세나체립 왕(B.C. 704~681)의 왕궁 벽면이 영토 확장 전쟁 장면으로 장식되어 있지만 실제로 이 왕은 새로운 군사적 투입을 피하면

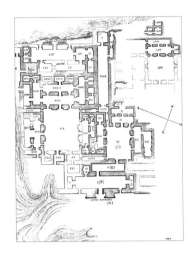

← **그림 1-17** 니네브 성 평면
→ **그림 1-18** 니네브 성곽 평면

서 제국의 국경을 안정적으로 유지하려 했던 것으로 추정된다. 하지만 그의 아들 에자르하돈Esarhaddon(B.C. 680~669)은 이집트 침략에 연루되었고 그 다음 왕인 아쉬르바니팔은 국내외적으로 계속해서 군사적 문제에 맞닥뜨려졌다.

그중 바빌론 사람들은 자부심이 강해 아시리아의 통치에 대해 특히 강하게 반항하였다. 세나체립 왕은 이 도시를 파괴하여 문제를 해소하였지만 나중에 그의 아들에 의해 재건되어 지속적으로 말썽을 일으켰다. 아쉬르바니팔의 동생이 바빌론의 왕이 된 후에 두 형제의 다툼으로 바빌론은 결국 내란에 접어들게 된다. 결국 B.C. 612년에 새로 독립한 바빌론 국가의 왕이 이란과 군사동맹을 맺어 아시리아 수도 니네브를 점령하여 강탈하였다.

그림 1-19 이쉬타르 여신의 상징인 사자 상(B.C.865~860)

– 니네브Nineveh

티그리스 강변에 위치한 도시 니네브는 아시리아의 도시 가운데에서 가장 중요한 도시 중 하나였다. 또 니네브의 이슈타르Ishtar 여신은 국제적인 명성을 누리고 있었다. 세나체립 왕(B.C. 704~681)은 니네

브를 새로이 수도로 정하였고 문화국가의 중심으로 주목할 만할 정도의 도시로 변화시키는 데 주력하였다.

　도시의 성곽 길이는 10킬로미터 이상이었고 성곽 전면에는 거대한 배수로를 만들었다. 이 물길은 80킬로미터 이상 떨어진 자그로스Zagros 산맥으로부터 끌어왔으며 배를 정박하고 재배한 과수를 이동하는 데 사용되었다. 도시 주변은 이국적인 조경과 동물들이 공존하는 자연 경관을 확보하였다. 도시 내부에서 가장 인상 깊은 구조물은 남서 궁전South-West Palace이었으며, 세나체립 왕은 '비교할 수 없는 궁전Incomparable Palace'이라고 명명하였다. 이 건물은 아시리아 제국의 행정 중심이었고 넓은 입면은 왕의 업적을 묘사하는 벽면 조각으로 장식되었다. 세나체립 왕 사후에도 오랫동안 이 건물은 존속하여 그의 손자 아쉬르바니팔 왕은 자신의 전승 업적을 보여주는 내용을 한 개의 방 벽면에 조각하여 새겨 놓았다. 그 후에 세나체립 왕의 업적을 기린 조각품들이 제거되고 아쉬르바니팔 왕—본인 혹은 그 아들 중 한 명인지는 명확하지 않지만—의 조각품으로 대체되었다.

• 제2장 •
그리스 건축

1. 에게 시대의 건축

2. 그리스 도시

3. 아크로폴리스

4. 그리스 극장

그리스인의 지혜로움은 사상, 철학, 연극 등에서 볼 수 있듯이 인간의 마음과 인체에 대한 태도에서 비롯되었다. 이집트 장인은 격식에 얽매인 똑같은 모양의 눈, 코, 의상, 몸통을 조각하면서 단순 반복 작업을 통하여 기술적 완성을 보려는 노력을 한데 비하여 그리스 조각가들은 관찰과 분석을 통하여 작품을 완성하려 하였다.

그들은 일찍부터 에게 문화와 소아시아를 통한 고대 오리엔트 문화와 접촉하였고 그 영향을 받아 흥미로운 형태의 나선형 소용돌이 주두를 비롯한 독특한 건축을 꽃피우게 되었다. 크레테Crete 섬 크노소스Knossos 왕국의 미노스Minos 궁전(B.C. 1800~1400)에 있는 아름답게 장식된 방들에서 정확하고 세련되게 표현된 그리스 건축의 기하학적 엄격함을 엿볼 수 있다.

에게 해의 미노아Minoa 문화의 영향은 그들에 의해 미케네Mycenae 문화를 형성하게 하였다.

그림 2-1 크노소스 왕국의 미노스 궁전
(B.C.1800~1400)

PALACE of KING MINOS: KNOSSOS. CRETE

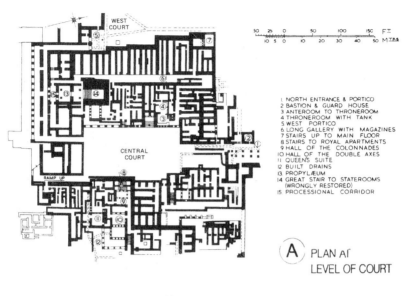

WEST COURT

50 25 0   50   100   150 FT
10 5 0 10   20 30 40 50 MTRS

1. NORTH ENTRANCE & PORTICO
2. BASTION & GUARD HOUSE
3. ANTEROOM TO THRONEROOM
4. THRONEROOM WITH TANK
5. WEST PORTICO
6. LONG GALLERY WITH MAGAZINES
7. STAIRS UP TO MAIN FLOOR
8. STAIRS TO ROYAL APARTMENTS
9. HALL OF THE COLONNADES
10. HALL OF THE DOUBLE AXES
11. QUEENS SUITE
12. BUILT DRAINS
13. PROPYLÆUM
14. GREAT STAIR TO STATEROOMS
    (WRONGLY RESTORED)
15. PROCESSIONAL CORRIDOR

CENTRAL COURT

RAMP UP

(A) PLAN AT
LEVEL OF COURT

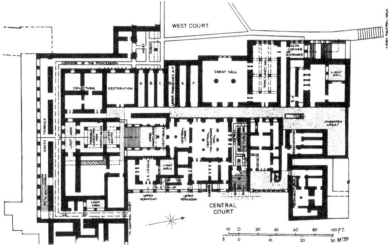

(B) PLAN (RESTORED) OF ENTRANCE SYSTEM AND PIANO NOBILE
OF WEST PALACE SYSTEM

그림 2-2 크노소스 왕국의 미노스 궁전 평면

1. 에게 시대의 건축

에게 시대는 B.C. 1100년경까지의 크레타 섬과 그리스 본토의 고대 문명으로 미노아인Minoan과 미케네인Mycenaean에 의해 이집트나 메소포타미아 문명과 대등한 수준을 보여주고 있다. 미노아 시대에는 크노소스 궁전과 패스토스Phaestos 궁전(B.C.1800~1400)을 세울 때 중정 주위에 비정형으로 된 건물을 배치하였다. 미케네 시대에는 티린스Tiryns 궁전(B.C. 1300)과 미케네 궁전을 세워 성곽 입구에 사자상이 새겨진 거석을 놓았으며 성곽 근방에는 아트레우스Atreus의 보고 (B.C. 1325)를 분묘구조로 만들었다.

◤**그림 2-3** 미케네 유적 입구 사자문
◤**그림 2-4** 미케네 유적 전경
◣**그림 2-5** 미케네 유적-아트레우스 보고
◢**그림 2-6** 미케네 유적지 무덤

2. 그리스 도시

그리스 문화는 아테네Athene, 스파르타Sparta, 코린트Corinthe 같은 도시국가 위주로 발달하여 로마처럼 제국을 형성하지는 못하였다. 그렇기 때문에 그리스 건축은 국가적이라기보다 도시적이다. 유럽에서 고대 도시계획의 방식이 이집트, 메소포타미아, 중국과 다른 양상을 나타내기 시작한 곳은 그리스의 아테네다. 모든 고대 도시계획에서 가장 중요한 개념은 군주나 왕의 주거를 중심으로 한 정방형 혹은 장방형의 일정한 성곽을 쌓고 도성의 중심이 되는 공간에 군주의 권위를 상징하는 왕의 주거나 신전을 배치하는 것이 공통적인 특징이

↖ **그림 2-7** 아고라 떼씨온 신전
↗ **그림 2-8** 아고라 유적(아테네)
↙ **그림 2-9** 아고라 평면
↘ **그림 2-10** 아고라와 스토아

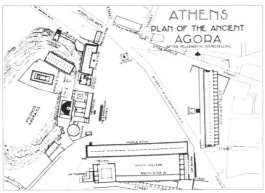

었다. 그러나 민주주의의 발상지인 그리스 아테네에서는 도시계획에도 민주적인 개념이 등장하였다. 아테네 시의 중심지는 더 이상 왕이나 군주의 주거지가 아니라 아고라Agora라는, 시민들이 모일 수 있는 장소가 차지하고 있었다. 아테네의 중심지 아고라는 코어Core에서 유래한 명칭으로 도시 활동, 즉 정치집회 · 상업 · 공무 등을 수행하기 위한 장소를 제공하고 있다. 훗날 로마 시대에서는 이와 같은 성격의 포럼Forum을 도시 중심에 배치하였는데, 그리스 아고라는 민주적 개념인 반면에 로마 포럼은 황제가 주관하는 공화주의적인 것이었다. 그리스에서 처음으로 도시를 구축한 곳은 소아시아에서 지중해 쪽으로 향해있는 이오니아에 위치한 이뽀다모스 드 밀레 Hippodamos de Milet로 80개 식민지의 모母 도시이자 그리스 도시계획의 구축지로 인정받고 있다.

하버드 대학과 베를린 대학에서 강의한 베르너 재거Werner Jaeger는 그의 저서 《플라이데아Plaideia》에서 '도시−국가와 정의의 이상' 이라는 제목으로 그리스 사람들이 얼마나 시민 평등권의 상징인 도시에 대한 개념으로 꽉차있었는지를 언급하고 있다. 그는 이 책 속에서 이오니아의 철학자 중 한 사람인 아낙시만드레 드 밀레Anaximandre de Milet가 도시개념에서 코스모스의 철학개념이 유래하였음을 보여주었는데, 이 코스모스라는 용어는 원래 도시나 공동체 속에서 군림하는 훌륭한 질서를 의미한다.

아고라의 모습을 통하여 도시적 기능을 분석해 보면 우리는 아고라가 원래부터 단순히 시장의 기능을 수행한 것이 아니라 우선적으로 집합의 장소이었음을 확신할 수 있다. 이후 상업 활동과 기업 활동이 자유롭게 된 5세기에 와서야 상점들이 늘어서게 되었다. 원칙적으로 아고라는 노천의 공간으로 명확한 법칙이나 연구 없이 세워진 공공생활용 건물들로 둘러싸인 네모광장이었다. 헬레니즘 시대에 아고라는 표준화된 건축적 요소(기둥, 갤러리, 코니스)로 둘러싸여 사람들을 비바람으로부터 보호하도록 고안된 스토아Stoa를 형성하였다. 그리고 스토아는 시민들에게 만남의 장소를 제공하게 되어 '공공의견'을 투명하게 보여주는 곳이 되었다. 어떤 건물들도 아고라에 직접 접해 있지 않는 것도 사회적으로 흥미로운 일이다. 즉 국가 기관(프리타네Prytane, 불레테리온Buleuterion 등)에 의해 사용된 건물들은 아고라에 근접해 있었으나 스토아가 그 사이를 갈라놓고 있었다. 그 후 변화된 것과 비교하면 우리는 스토아에 입면(파사드)이 없었음을 알 수 있다. 이는 아고라는 공동체를 위해 만들어진 것이지 원로원을 위해 만들어진 것이 아니어서 자유시민들을 위한 우선권을 부여하고 있는 것이다. 스토아의 벽 내부와 네모광장 위에서는 공동체의 부역에 종사한 시민들의 이름을 회고하는 기록을 찾을 수 있었다. 고고학 발굴에서 특히 성공적인 곳은 메안드르Meandre 지방의 프리엔느Priene 인데, 이곳은 아고라의 의미를 가장 잘 이해할 수 있게 해준 곳이다.

그림 2-11 프리엔느 극장

이오니아 양식의 그리스 도시는 이러한 문화가 늦게 결실을 맺었다. 많은 다른 도시의 경우와 다르게 이곳의 아고라는 이미 자유를 상실한 시대에 와서야 최종적인 형태를 갖추게 되었다. 그러나 아고라의 개념은 그리스 인들에게 존재하는 민주주의 형태를 통합한 것이므로 그 자체에 의미가 있다고 하겠다.

그리스 도시에서 질서 있게 배치된 기념물들은 신에게 바쳐진 것들이다. 아크로폴리스는 집회장소가 아니었다. 그곳은 먼저 왕의 주거지였다가 왕정이 폐지된 이후에는 신의 주거지로 신전이 세워진 신성한 영역이었다. 반면 아고라는 잘 구획되고 품위 있는 집합 장소였으나 다소 간소한 곳이었다. 그리스 사람들의 주거를 둘러보면 그들의 생활이 많이 검소했음을 느낄 수 있다. 지나치게 사치스럽게 주거를 꾸미는 시민에게는 추방령의 처벌을 내리는 법도 있었다. 고대 이후로도 이처럼 뚜렷하게 세 영역, 즉 먼저 신의 주거, 그리고 공동체용 건물, 마지막으로 개인생활용 장소로 구분된 적은 없었다. 유일하게 고대도시와 연속성을 지니고 있다 할 수 있는 중세도시에서도 서로 다른 기능들이 섞여서 주거지역과 시민광장의 혼동을 초래했다.

3. 아크로폴리스

도시국가 위주로 발전한 그리스는 경관 좋은 언덕에 가장 신성한 공간을 만들어 신전을 건설하고 유사시에는 방어 요새 성곽이 되도록 하였으며, 그 주위 낮은 부분에는 민가가 자리 잡게 하였다. 그리스가 페르시아와의 전쟁에서 승리한 후, 아테네는 델로스 동맹의 지도국으로서 페리클레스Pericles의 지도 아래 어느 시대 어느 곳에서도 일찍이 볼 수 없었던 예술적 승리를 경험하게 된다. 기원전 480년 페르시아인에 의해 파괴된 후 다시 복원된 아테네의 아크로폴리스가 바로 그 대표적인 예이다. 아테네 시가지의 한복판에 우뚝 서 있는 아크로폴리스의 주변은 거대한 화강암 벽 위에 미케네식 성채로 둘러싸여 있는 천연적인 요새다. 경사로를 통해 언덕을 올라가면 프로필레온Propylaeon을 비롯해 파르테논Parthenon 신전, 아테네 니케 Athene Nike 신전, 에렉티온Erechtheion 신전 이외에 옛 아테네 신전과 아테나 프로마코스Athena Promachos 여신상과 로마 시대의 수조Cistern가 있었으나 지금은 네 신전과 성채만 남아 있다. 아크로폴리스의 신전들은 비대칭적 구성과 비직선적 접근 형식을 취하여 뛰어난 동적 미학의 공간을 이루었다.

프로필레온은 아크로폴리스로 들어가는 입구에 있는 건물이다. 엠네클레스Mnesicles가 B.C. 437년에 설계한 이 건물은 신전이 아니다. 그것은 경사로를 면한 도리아식 입구 기능의 지붕 있는 홀을 지나서 아크로폴리스로 향하여 열려있는 영광의 관문 또는 현관이다. 여섯 개의 도리스식 기둥을 지나 2열의 이오니아식 기둥을 통과하면 앞마당 좌우의 회랑을 포함하는 두 개의 부속건물로 들어 갈 수 있다. 아크로폴리스의 중앙에 있는 아테나 프로마코스의 거대한 조

그림 2-12 파르테논 신전

← **그림 2-13** 아크로폴리스 언덕
→ **그림 2-14** 프로펠리온

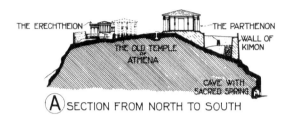

THE ACROPOLIS : ATHENS

THE ERECHTHEION — THE PARTHENON

WALL OF KIMON

THE OLD TEMPLE OF ATHENA

CAVE WITH SACRED SPRING

(A) SECTION FROM NORTH TO SOUTH

PINACOTHECA
PEDESTAL OF AGRIPPA

ROMAN GATE TOWER

THE PROPYLÆA

THE PARTHENON

(B) SECTION FROM EAST TO WEST

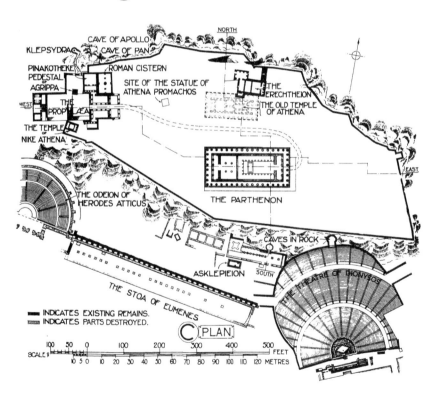

CAVE OF APOLLO

NORTH

KLEPSYDRA

CAVE OF PAN

PINAKOTHEKE

ROMAN CISTERN

PEDESTAL OF AGRIPPA

SITE OF THE STATUE OF ATHENA PROMACHOS

THE ERECHTHEION

THE OLD TEMPLE OF ATHENA

WEST

THE PROPYLÆA

THE TEMPLE OF NIKE ATHENA

EAST

THE ODEION OF HERODES ATTICUS

THE PARTHENON

CAVES IN ROCK

ASKLEPIEION

SOUTH

THE THEATRE OF DIONYSOS

THE STOA OF EUMENES

INDICATES EXISTING REMAINS.
INDICATES PARTS DESTROYED.

(C) PLAN

100 50 0   100   200   300   400   500
SCALE   FEET
10 5 0 10 20 30 40 50 60 70 80 90 100 110 120 METRES

그림 2-15 아크로폴리스 평면

그림 2-16 아테네 니케 신전

각상은 다양한 특색을 조합하기 위해 외부에는 도리스식 기둥을, 내부에는 이오니아식 기둥을 사용하였다. 프로필레온 오른쪽에 있는 아테네 니케 신전은 아크로폴리스의 건물 중 최초로 이오니아식 기둥으로만 만든 건물이다.

그림 2-17 에렉티온 신전의 여신상 기둥

　에렉티온 신전은 가장 나중에 지은 건물로 아테네의 신화적 영웅 에렉테우스의 이름을 따서 명명되었다. 여러 신전이 모여 있고 대지가 불규칙하여 에렉티온의 평면은 그리스 신전으로는 특이하게 정형이 아니다. 에렉티온의 비정형성은 파르테논의 대칭적 통일감과 효과적인 대비를 이루며 현관의 여인상 기둥 역시 파르테논의 도리스식 기둥과 강한 대비를 이루고 있다. 기둥에 사람의 모습을 사용한 것은 건축의 추상적 원칙을 벗어난 것이나, 비대칭적이고 세련된

그림 2-18 파르테논 신전

비례의 에렉티온에서는 오랜 전통을 가진 세속의 종교석 의식이 인간화된 것으로 볼 수 있다.

파르테논 신전은 아크로폴리스에서 최초로 건축된 주건물로 B.C. 447년에 건축가 익티누스Ictinus와 칼리크라테스에 의하여 제작되었으며, 아크로폴리스 건축군의 중심이다. 도시의 여신인 아테나 파르테노스Athena Parthenos에게 바쳐진 파르테논은 사방이 열주로 둘러싸인 신전으로 좁은 폭이 넓은 폭의 절반에 약간 못 미치는 직사각형이다. 사방의 열주 안 벽으로 둘러싸인 내부공간은 피디아스의 작품인 아테나 파르테노스Athena Parthenos의 조상이 있는 나오스와 델로스 동맹의 보물창고로 이루어졌으며 벽을 등지고 별도의 입구를 갖는다. 내부공간에는 자체의 지붕을 지지하기 위한 기둥이 있는데 나오스에는 2열의 작은 기둥이, 보물창고에는 네 개의 이오니아식 기둥이 있다. 이 두 공간은 그리스 건축에서도 보기 드문 아름다운 실내공간이다. 내부공간은 이오니아식 기둥이나 외부공간은 도리스식 기둥의 극치를 보여준다. 파르테논의 석재는 아테네 부근에서 채취되었으며 빛의 변화에 따라 다양하게 변한다. 실내외 건축공간의 성공적 일치와 극도로 세련된 건축형태로 인해 파르테논은 고딕성당처럼 건축과 조각이 하나가 된 최초의 종합예술로 평가받는

↑ **그림 2-19** 에렉티온 신전
↖ **그림 2-20** 파르테논 신전
↗ **그림 2-21** 파르테논 신전 복원도
↘ **그림 2-22** 파르테논 신전 입면
↓ **그림 2-23** 파르테논 신전의 박공
　조각상

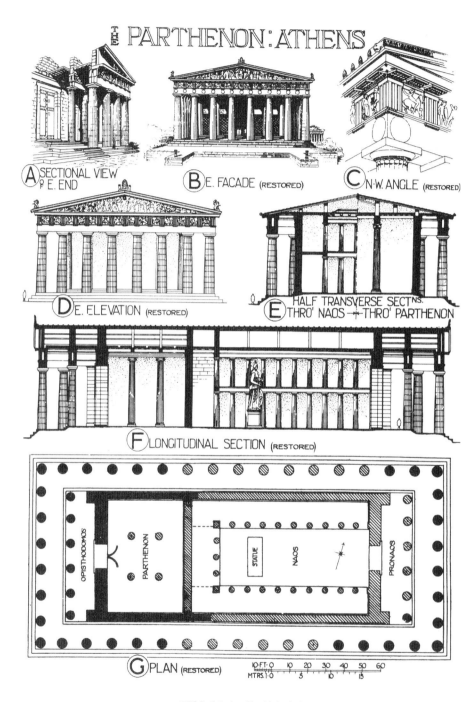

그림 2-24 파르테논 신전 평면

다. 순수한 직각만이 아닌 파르테논의 건축형식은 인간과 건축 사이의 교감을 위한 새로운 기법으로 이집트 신전에서와 같은 비인간적 비례를 극복하여 건축과 인간의 교감을 고려한 것이다. 착시현상을 미연에 방지한 기법은 그리스 사람들의 기하학에 대한 뛰어난 작업 수준을 잘 보여주고 있다.

아크로폴리스 동쪽의 평지에 세워진 코린티안식 기둥Corinthian Order의 대표적인 신전인 올림피에이온Olympieion 신전(B.C. 174~A.D. 132)은 최고의 신 제우스를 모시기 위해 일찍이 B.C. 515년에 도리스식 신전으로 착공되었으나 중단되고 후기 그리스 시대에 들어와서 B.C. 174년 시리아 왕의 도움으로 로마의 건축가 콘스티우스Constius에 의하여 코린티안 양식으로 설계되어 공사를 하다가 로마의 여러 황제의 도움으로 A.D. 132년에 완성되었으며 대단히 세련되고 화려한 코린티안 주두를 가진 신전이다.

그림 2-25 올림피아 신전(아테네)

4. 그리스 극장

그리스는 도시마다 극장을 만들어 각종 행사를 위한 집회 기능을 충족시켜주었는데, 극장은 자연적인 경사 구릉지를 활용하면서 기하학적인 반원형 평면을 가진 것이 특징이다.

아크로폴리스의 옆에는 B.C. 330년부터 시작된 디오니수스Dionisus 극장과 헤로데스 아티쿠스Herodes Atticus 극장이 있어 그리스 극장의 원형 형태를 보여주고 있으며, 이러한 원형 극장은 세계 모든 극장의 모태로 로마를 거쳐서 전해지고 있다.

에피다우로스Epidauros 시에 있는 극장은 B.C. 350년에 건설이 시

← **그림 2-26** 델피 야외극장
→ **그림 2-27** 그리스 극장

그림 2-28 헤로대스 아티쿠 극장

작되었으며 현존하는 그리스 극장 중에 가장 잘 보존된 모습을 보여주고 있다. 자연 경사 구릉지를 활용하여 객석을 완벽한 원형으로 설계하였으며 관중들이 객석에서 무대를 바라볼 때 시야를 확보할 수 있도록 계단의 높이를 점차 높게 만들었다. 특이한 점은 객석 계단의 경사가 직선으로 되어 있는 것인데 그 이유는 계단의 석재를 표준화된 크기로 제작하기 위한 시공상의 합리적 편의를 추구한 것으로 보인다. 맨 앞줄 객석에서 중간 통로까지 경사보다 중간 통로에서 맨 뒷줄 객석까지 경사가 더 가파르게 되어 있어 모든 객석에서 무대가 완벽하게 보이도록 되어 있다. 시공 상의 편의를 위한 표준화된 계단 규격과 객석의 시야 확보라는 극장 기능을 모두 만족시킨 에피다우로스 극장은 그리스 건축의 과학적·합리적 성격을 잘 보여주고 있다. 객석 평면 원호의 중심 위치에 있는 돌 표식 지점에서는 완벽한 음향 효과에 의한 소리 반향을 체험할 수 있는데 그리스 극장의 과학적이면서 정확한 시공 능력을 확인시켜주고 있다. 무대는 뒤에 벽이 있는 형태로 배우들을 위한 충분한 공간을 확보해 주고 있었다. 무대 앞은 합창대가 연극의 동작을 노래하는 오케스트라로 이용되었다.

그림 2-29 에피다우로스 극장

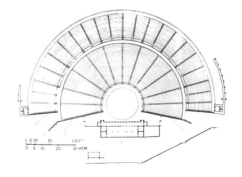

↖ **그림 2-30** 에피다우로스 극장 객석
↗ **그림 2-31** 에피다우로스 극장 입구
← **그림 2-32** 에피다우로스 극장 평면
→ **그림 2-33** 하늘에서 본 에피다우로스 극장
↓ **그림 2-34** 에피다우로스 원형 극장
↘ **그림 2-35** 에피다우로스 원형 극장 객석 상세

제3장

로마 건축

1. 로마의 형성 · 2. 로마의 도시계획

3. 로마 공공건축 · 4. 포럼 · 5. 신전과 무덤

6. 극장과 경기장 · 7. 공중 목욕장

1. 로마의 형성

에트루스칸Etruscan 족과 라틴Latin 족의 공존이 이탈리아 민족을 형성한 때는 기원전 12~10세기이며 동방을 정벌하고 대제국을 세웠던 알렉산더 대왕(B.C. 335~323)이 사망한 이후 점차 로마를 중심으로 건축술이 급격하게 발전되었다. 그리스인이 주위의 것을 미화해서 기하학적 재능을 발휘하여 시적인 분위기를 만들어내는 예술적 천재라고 한다면, 로마인은 현실적인 정치력이나 통제력이 탁월하여 이를 바탕으로 물질적, 물량적, 구조적으로 위대한 힘을 발휘하는 역량적 천재라고 할 수 있다. 방대한 영토를 지배하면서 부와 노동력을 바탕으로 위대한 대구조물과 대공간을 현실화시킨 로마건축은 아치나 볼트구조의 이용과 재료의 물리적 특성을 활용하는 로마인의 비범한 재능에 힘입었던 것이다.

로마의 건설에 관한 전설을 보면 라티움의 아물리우스Amulius가 형인 누미토르Numitor 왕으로부터 왕위를 쟁탈하고 그 혈통을 끊고자 형의 딸 레아 실비아Rhea Silvia를 알바 롱가Alba Longa 소재 베스타Vesta 신전의 성녀로 삼아 유폐하여 마르스Mars(전쟁의 신)와 통정해 쌍둥이 로물루스Romulus와 레무스Remus를 낳았다. 아물리우스는 후환이 두려워 이들을 티베르Tiber 강에 버리게 하였으나 이들은 강기슭에 표착하여 늑대의 젖을 먹고 자라다 양치기 부부 파우스툴루스Faustulus와 라렌티아Larentia에게 양육되었다. 쌍둥이는 성장하여 아물리우스를 폐위시킨 후 서로 패권다툼을 벌이다가 아우 레무스는 패사하고 형 로물루스는 부족과 더불어 일곱 언덕에 정착하여 비로소 도읍 성벽을 구축하였다고 한다. 이것이 B.C. 753년 2월 17일의 일이고, 이곳을 로마Roma라 한 것은 그의 이름인 로물루스에서 연유된 것이라

그림 3-1 로뮬루스 레뮈스 형제

↑ **그림 3-2** 로마의 일곱 언덕
↓ **그림 3-3** 템페스타 부조 카라칼라 목
욕장 부근의 로마 경관

전해진다.

　로마의 일곱 언덕은 아벤티누스Aventinus, 캘리아누스Caelianus, 팔라티누스Palatinus, 카피톨리누스Capitolinus, 에스퀼리누스Esquilinus, 베르니날루스Verninalus, 퀼리날루스Quilinalus이다. 로마가 형성된 팔라티누스 언덕에서는 B.C. 8세기로 거슬러 올라가는 주거의 흔적이 발견되는데, 이 시기는 철기 시대로 남부 이탈리아(이쉬아Ischia, 큐마Cuma)에서 첫 번째 그리스 식민지를 볼 수 있는 때이다. 자체의 방어 시스템을 갖추었던 이러한 주거군 주변으로 티베르 강이 흐르고 언덕 위로 도시가 성장해갔다. 여러 종족, 즉 라틴Latin 족, 사비니Sabini 족, 에트루스칸Etruscan 족으로 구성된 농부와 양치기들이 살던 도시는 에트루리아Etruria, 라티움Latium, 깜빠니아Campania 지방을 연결하는 도로에 위치한 덕분에 발전해 갔다. 에트루스칸 지배 시대에 해당하는 '일곱 왕Seven Kings'의 전설적 시기를 지나 공화국이 설립되자(B.C. 509) 도시의 중요성은 점차 증가하게 되었으며 정치·사회적 조직이 발달하게 되었다. 도시의 중심에는 700년에 걸쳐 포장되고 빗물 배수 처리가 된 포럼Forum이 자리를 잡았다. 중요한 신전들이 로마 초기에 속속 지어져서 그리스 도시의 아크로폴리스에 해당하는 캄피돌리오Campidoglio 언덕 위에는 조브 옵티무스 막시무스Jove Optimus Maximus에게 바쳐진 신전이, 포럼 위에는 새턴Saturn과 디오스쿠리Dioscuri에게 바쳐진 신전이 지어졌다. B.C. 390년에 골Gauls 족에 의해 로마가 약탈을 당한 후에 세르비안Servian 혹은 리퍼블리칸Republican으로 알려진 전통적인 일곱 언덕을 포함하여 항구 부근의 포럼 보아리움Boarium 근처의 티베르 강에 이르는 강력한 성곽 도시 체계가 완성되었다. 3세기에 로마가 영토 확장에 들어갔을 때 로마 시 거주민의 수는 이미 10만 명이 넘었다. 로마 시의 형세는 높은 지대는 부유층들의 빌라가 차지하고 낮은 지대를 따라서 도시 주거가 좁고 짧은 도로를 따라 형성되어 있었다.

2. 로마의 도시계획

로마는 기원전 2세기경부터 세력을 급속히 키워가 B.C. 2세기 말경 반도의 북쪽에 위치한 에트루리아를 정복하여 반도를 통일했고 B.C. 168년에는 마케도니아Macedonia를 정복한 후 5백여 년간 북유럽과 러시아를 제외한 유럽의 대부분을 차지했다. 또 소아시아 지방을 정복하고 B.C. 146년에는 그리스와 카르타고Carthago를 포함한 지중해 지방을 장악했다. 그리하여 메소포타미아 그리고 이집트와 아프리카 북부의 지중해 연안 지방에 이르는 광대한 지역을 지배하게 되었다.

　　로마제국의 식민지 건설과정에서 나타난 도시계획 기법은 정방형 혹은 장방형의 도시를 규칙적인 도로들로 분할하는 방식이다. 남북 방향 도로를 축을 의미하는 까르도Cardo라고 부르며, 동서방향의 축을 데뀌마누스Decumanus라고 부르는데 의미가 명확히 전해지지 않은 채 다만 십진법과 연관된 의미로 짐작되고 있다. 그래서 도시의 첫 개척자는 우선 미래의 도시 중심을 정하곤 했는데, 그 방법을 보면 데뀌마누스와 까르도가 교차하는 지점에 그로모Gromo를 세워 동서 축을 정하는 기준으로 삼았다. 그리고 아침 일출 때에 정동향에서 비춰지는 햇빛에 의해 생기는 그로모의 그림자를 추적하여 도시를 개척한 그날의 동서 축을 정하였다. 그 다음에 데뀌마누스와 직교하는 남북 축, 즉 까르도를 그린 것이다. 그리고 이 도시에 필요한 만큼의 면적을 두 직선을 분할해가면서 배분하였다. 이 두 축의 끝은 도시의 주출입문이 되었다. 일정하게 분할된 선들은 바둑판 모양의 네모 형태 도시를 구성하고 네 군데의 문이 생기게 되었다. 주축 도로와 평행한 많은 도로를 구획하여 많은 데뀌마누스와 부副 까르도가 생겼으며 이렇게 생겨난 단지들은 주민들의 계급과 역할에 따라 분배되었다. 이러한 도시계획 방법은 매우 추상적인 이론이고 미

그림 3-4 북아프리카 알제리에 있는 팀가드(A.D. 100)

개척지에만 적용이 가능한 기법이다. 이 방법으로 실현된 도시의 대표적인 사례는 북아프리카 알제리에 있는 팀가드Timgad인데 주변에 어떠한 기존 취락도 없는 유목지였다.

바둑판 모양의 기하학적인 질서를 갖춘 로마제국의 도시계획 기법을 보고 이를 로마의 군사적인 정신에 의한 도시건설로 간주하는 것은 잘못된 판단이다. 실제로는 매우 복합적인 요인들이 있는데, 예를 들면 도시건설에서 군사적 이유로 설명되지 않는 것은 데뀌마누스의 방향으로 이것은 종교적인 의도로 밖에 볼 수가 없는 것이다. 사실 도시를 건설하는 것은 성스러운 일이었으며 종교의식을 위한 장소로서 지하 신을 위해 준비된 문두스Mundus라고 하는 둥글게 판 구덩이에서 지하에 있는 신을 위한 제물을 바치는 행사가 이루어졌다. 쥬피터, 쥬논, 미네르바 신으로 구성된 천상의 신을 모셔놓은 장소는 까삐똘Capitole('머리' 라는 뜻)로 도시를 한 눈에 내려다볼 수 있는 언덕에 세워 사람에게 은총을 베풀기 위하여 도시로 향한 신의 시야가 가려지지 않도록 하였다. 이것은 신의 시선이 도시를 볼 수 있어야 신의 보호가 효과적으로 작동한다는 로마인들의 믿음 때문이었다. 그리고 이 까삐똘을 언덕 위에 세울 수 없는 경우에는 인공적인 테라스를 만들어 지탱하였다. 보편적으로 이 까삐똘은 식민지의 중심부 주 광장 주위에 세워졌다.

또 다른 사례는 까푸아Capoua로 현재 산타 마리아 디 까푸아 베떼르S. Maria di Capua Vetere 부지에 위치한 도시이다. 이 도시의 동서 축은 데뀌마누스 막시무스Decumanus maximus로 두 개의 문과 연결되어 있으며, 남북 방향의 주축도 뚜렷하게 남아있다.

소아시아 지방에 위치한 프리엔느Priene는 엄격한 기하학적 도로의 배치와 다르게 성벽의 구축은 자연구릉을 따라 이루어졌다. 그

← **그림 3-5** 프리엔느의 불레테리온
→ **그림 3-6** 로마의 격자형 도시 사례-
　　프리엔느

리스 기술자들의 작업으로 이루어진 이 도시들은 엄격한 로마의 도
시계획 기법과는 색다른 면모를 보여준다. 이러한 그리스 건축가들
에 의해 구축된 도시들 중에는 포시도니아Posidonia의 캄파니아와 나
폴리Napoli를 들 수 있다. 헬레니즘의 영향을 받은 나폴리에서 우리
는 동서 방향으로 나있는 세 개의 주도로를 보게 되고 직각 방향으
로 뻗은 일정한 간격의 까르딘으로 짐작되는 도로들을 발견하게 된
다. 같은 방법으로 파에스툼Paestum의 성벽도 도로가 십자형으로 교
차하는 끝부분에 네 개의 문을 배치한 것을 볼 수 있다. 따라서 나폴
리와 파에스툼이 건립될 당시인 6세기 말쯤에는 도시 성곽 구축에
에투르스크Etrusque의 영향이 전혀 없었음을 알 수 있다. 캄파니아 지
방에 진출했었던 에투르스크 족은 로마제국의 도시계획 기법인 기
하학적인 도시의 출현을 일반화시켰다.

　　베수비오Vesuvius 화산 폭발로 멸망한 폼페이Pompei의 모습도 내부
의 도로망은 격자형의 로마식이지만 성곽은 자연 구릉을 따라 구축
한 그리스식이다. 원주민 오스크Osques 족은 인근 그리스의 문화적

그림 3-7 파에스툼

영향을 직접 받았으며 폼페이 시의 구축자는 완전한 헬레니즘 방식인 가공된 석재를 쌓아 올리는 기법으로 성곽을 먼저 구축하였다. 정돈된 성문을 통해 초기 계획이 최후까지 남아있던 도로망이었음을 알 수 있다.

이러한 여러 도시의 구축 사례에서 에투르스코 로만Etrusco Roman 식민지 평면의 근원을 엿볼 수 있다. 이탈리아에서도 그리스 식민지 시기에 도시의 부가 보장된 듯한 사례가 보인다. 해안가에서 기원전

← **그림 3-8** 폼페이 거리
↑ **그림 3-9** 폼페이 공중목욕장
→ **그림 3-10** 폼페이 배치도
↓ **그림 3-11** 폼페이 시내 유적

4세기부터 전통적인 형태로 구축된 오스티아Ostia와 같은 로마 식민지 도시들의 모습에서 우리는 도시의 각종 의식儀式의 필요성과 그리스 건축가의 개입 사이에서 일종의 합의가 이루어졌음을 보게 된다. 각종 의식의 필요성은 주요 도로인 까르도와 데뀌마누스의 존재에서 엿볼 수 있으나 나머지 부분의 기술은 이탈리아의 특성과 전혀 관계없음을 알 수 있다. 지중해의 두 문명 사이의 문화적 · 상업적 교류는 오랜 세월이 지난 지금 우리가 생각하는 것보다 훨씬 더 중요했던 것이다. 모든 문화가 그렇듯이 로마제국의 도시계획은 풍요로운 조합의 결과이지 전설적인 가설에 근거한 자생적 발전은 아닌 것이다.

그림 3-12 까르도 도시계획 사례–15세기 빠리

빠리 시의 1530년경 모습에서도 로마제국의 도시계획 기법인 십자형 도로 축이 뚜렷하게 남아 있어 로마제국의 문화가 도시형성의 근원을 이루고 있음을 알 수 있다.

3. 로마 공공건축

로마건축은 우선적으로 국가의 공공사업을 서비스하는 데 사용된 건축으로서, 숙련된 기술을 보여 주었다. 특히 교량, 수로, 하수구 등의 공공시설이 설치되었고 도로는 영토를 지배하고 인구를 이동시키는 데에 사용되어 인류 역사를 통틀어서도 중요한 역할을 수행하였다. 로마는 살아있는 문화의 근원지이자 세계의 정복자가 되었는데, 그 이유는 도로 덕분에 세계 전체를 통제하는 데 성공했기 때문이다. 고대 로마사람들은 그들의 확장된 영토를 넓고 확고하게 지배하는 데에 주된 관심을 가졌고 조각과 시각예술에는 미미한 관심을 가졌기 때문에 화가들은 거의 그리스 출신이었다. 로마 사람들은 전쟁과 연관된 건축(도로, 교량, 성벽 등)과 국가의 영광 혹은 국가의 관리 목적을 지닌 공공건물에 관심이 있었다. 비록 건축적 형태와 규범은 그리스에서 근원된 것이 많지만(예를 들면 건축물 기둥 양식) 그것들을 활용하는 데는 완벽한 독창성을 보여주고 있다. 그리스 건축이 석재를 사용하여 기둥과 기단의 수직선과 수평선 요소를 기반으로 삼고 있는 반면에 로마의 건축은 석재, 대리석, 회반죽, 프레스코와 시멘트, 벽돌 등의 거친 재료를 이용하여 다양한 곡선 요소(아치Arch, 둥근 원통형 천장Vault, 구형 천장Cupola 등)를 기반으로 하는 조형적인 건축이다.

로마인들이 개발한 아치구조 방식의 구조적인 탁월성은 그들의 부와 세력을 표시하는 큰 규모의 건축물로 나타나게 된다. 많은 기둥을 사용한 그리스 건축의 특성을 이어받았을 뿐 아니라 장대한 공간을 만들기 위하여 아치, 볼트, 돔 구조의 지지거리를 넓게 확보하는 기술을 개발하였다. 돌, 벽돌, 매스 콘크리트를 주로 사용한 로마건축은 질 좋은 포추올라Pozzuola 시멘트를 가진 덕분에 큰 규모의 건축물을 만들 수 있었는데 그 기본은 아치공법의 개발에 있다. 연속된 아치들은 축 방향으로 하중을 전달하는 방식으로 터널식 반원지붕, 즉 볼트로 발전하게 된다. 마찬가지로 아치를 볼트 위로 서로 겹치게 하면 돔이 되어 연속된 넓은 공간을 덮을 수 있게 된다. 아치와 볼트가 첫 번째로 중요하게 사용된 것은 타뷸라리움Tabularium(B.C. 79)이고, 로마건축의 대표적 성격을 띤 여러 수로와 교량들은 기원전 4세기부터 건립되기 시작했다.

위대한 로마건축 시기는 케사르Caesar 황제와 아우구스투스Augustus 황제 때부터인데, 케사르 황제는 규칙적인 평면 위에 첫 번째 포럼

↑ **그림 3-13** 타뷸라리움 (B.C. 79)

← **그림 3-14** 프랑스 남부 지방 가르 수로교

→ **그림 3-15** 가르 수로교 보행로

↙ **그림 3-16** 놀리 지도에 표시된 고대 로마 도로 계획과 도로포장

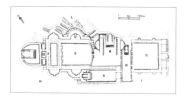

← **그림 3-17** 포럼 로마 평면
→ **그림 3-18** 포럼 로마

을 세웠다. 후에 여러 황제들을 기념하기 위한 일련의 광장들이 이어서 건립되었다. 아우구스투스 황제 시기에는 고전적인 전통(신고전주의라고도 할 수 있는)을 건축과 조각에 부여해서 로마의 포럼, 아우구스투스 능묘Mausoleum(B.C. 1세기 후반), 마르첼루스Marcellus 극장(B.C. 13~11), 그리고 님므Nimes 의 메종꺄레Maison Carree, 오랑쥬Orange 의 극장 등이 완성되었다. 도무스 오레아Domus Aurea(A.D. 64~68)가

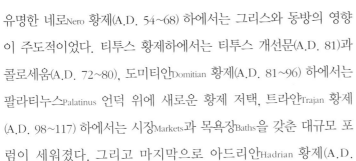

유명한 네로Nero 황제(A.D. 54~68) 하에서는 그리스와 동방의 영향이 주도적이었다. 티투스 황제하에서는 티투스 개선문(A.D. 81)과 콜로세움(A.D. 72~80), 도미티안Domitian 황제(A.D. 81~96) 하에서는 팔라티누스Palatinus 언덕 위에 새로운 황제 저택, 트라얀Trajan 황제(A.D. 98~117) 하에서는 시장Markets과 목욕장Baths을 갖춘 대규모 포럼이 세워졌다. 그리고 마지막으로 아드리안Hadrian 황제(A.D.

↖ **그림 3-19** 프랑스 남부지방 님므 메종까레(A.D. 1~10)
↗ **그림 3-20** 로마 포럼 티투스 개선문(A.D. 81)
↙ **그림 3-21** 오랑쥬 극장
↘ **그림 3-22** 로마 포럼과 콜로세움

↖ **그림 3-23** 판테온 신전 입구
↗ **그림 3-24** 판테온 신전 지붕
↓ **그림 3-25** 티볼리 아드리안 황제 빌라 카노포 연못

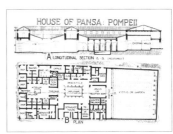

← **그림 3-26** 콘스탄틴 개선문
  (A.D. 315)
→ **그림 3-27** 폼페이 판사 저택 평면

117~138) 하에서는 판테온Pantheon, 능묘Mausoleum, 티볼리Tivoli의 빌라 등이 세워져, 로마건축은 가장 영광스러운 절정기를 맞는다. 세베리 Severi, 셉티미우스 세베루스Septimius Severus 황제(A.D. 193~211) 하에서 는 팔라티누스Palatinus 언덕 위에 새로운 궁궐과 전승Triumphal 개선문 이 완성되었고, 카라칼라Caracalla 황제(A.D. 198~217) 하에서는 건물 의 규모가 점점 거대해지고 복합적으로 되어갔다. 막센티우스 Maxentius 황제(A.D. 306~337)와 콘스탄틴Constantine 황제 시기에는 로 마제국이 서서히 멸망의 길로 접어들어 중세의 야만 시대가 점차 다 가오고 있었으므로 로마건축의 마지막 세대로 간주할 수 있다.

로마 시에는 많은 고대건물 유적이 남아 있으나 도시의 기본 바 탕이 되었을 주거건축의 흔적은 남아 있지 않다. 주거건축의 예를 찾으려면 폼페이를 가야만 하는데 그곳에서는 페리스타일Peristyle에 근거한 상류계층의 전형적 주거형태를 볼 수 있다. 반면 하류계층을 위한 주거형태로 다층 주거건물인 인슐레Insulae가 잘 보존된 곳은 로 마의 항구 오스티아Ostia다. 로마 근교 티볼리Tivoli의 아드리안 황제 빌라Hadrian Villa(A.D. 126)는 로마제국의 농촌지방에 많이 등장한 귀

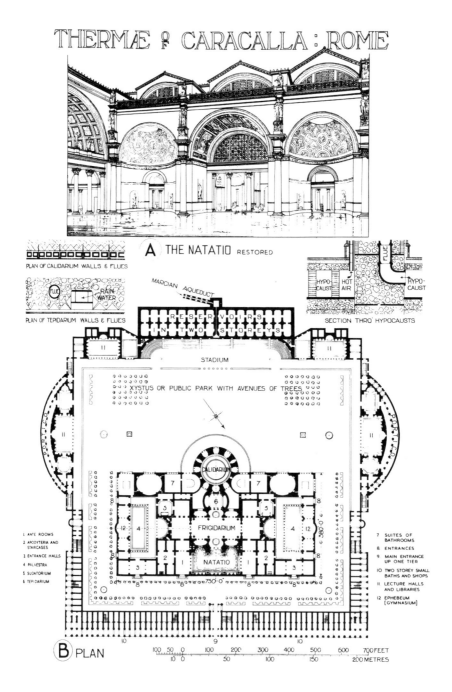

그림 3-28 로마 카라칼라 공중목욕장(A.D. 212~217)

족 주거 형식을 잘 보여주고 있는데, 여기의 건물들은 미네르바 메디카Minerva Medica 신전(A.D. 4세기 초)과 카라칼라Caracalla 공중 목욕장(A.D. 212~217), 디오클레티안Diocletian 공중 목욕장(A.D. 298~306)처럼 후기 헬레니즘에서 비롯된 '로마식 바로크'를 호화스러운 방법으로 선보이고 있다.

4. 포럼Forum

그리스의 아고라에 해당하는 로마의 포럼은 도시의 중심 기능을 수행하기 위한 정치, 경제, 사회, 위락, 교통 등의 시설이 집중된 곳으로, 대표적인 건축물들이 세워지고 각종 의식과 행사가 열리던 곳이다. 로마인들이 건설한 도시의 중심에는 반드시 포럼이 건설되었다. 가장 오래되고 대표적인 로마의 포럼은 카피톨리누스Capitolinus, 팔라티누스Palatinus, 베르니날루스Verninalus 세 언덕 사이에 있는 삼각 계곡에 위치한 포럼으로 여러 황제에 걸쳐 완성되었다. 이곳에는 포럼을 비롯하여 원로원, 왕궁, 신전, 개선문, 재판소, 상가 등 많은 건축물들이 집합해 있다. 트라얀 포럼Trajan's Forum(A.D. 98~114)은 트라얀 황제(A.D. 93~117)가 주도하여 건축가 다마스쿠스Damascus와 아폴로도로스Appolodoros에 의해 완성된 가장 규모가 큰 포럼이다. 정방형의 광장 양측에 2열의 주랑이 있고 바깥쪽 반원형 건물은 점포와 사무소로 쓰였으며 광장 맞은편의 정면에는 공회당Basilica이 있다. 캄피돌리오Campidoglio 서쪽과 연결되면서 팔라티누스 언덕의 북쪽에 있는 계곡은 기원전 600년에 배수처리와 포장이 완료되었다. 이곳은 주변 언덕이 개발되면서 로마 시의 중심이 되었다. 공화정 시대 동안

그림 3-29 트라얀 포럼

에 건물들과 대규모 신전들이 이곳 주위에 세워졌으며, 이것이 첫 번째 포럼이 되었다. 오늘날 보는 것처럼 로마 포럼이 기념비적 중심으로서 등장한 것은 시저Caesar 황제 하의 기원전 2세기와 1세기에 와서다. 이 전체구역은 하나의 건축 조직으로 받아들여졌다. 기원전 1세기에 와서는 기록 사무소인 타뷸라리움Tabularium(B.C. 79)과 두 개의 거대한 공회당 애밀리아Aemilia와 쥴리아Julia를 완성하여 로마의 민간건축이 서양건축 전체에 걸쳐 근본적인 영향력을 갖게 하는 원형Prototypes을 성립하였다.

5. 신전과 무덤

포럼의 기본 요소인 신전과 무덤은 적어도 황제 통치 기간 동안은 권력의 표현으로 볼 수 있었다. 로마의 신전은 그리스 모델로부터 직접 유래되었지만 상단에 설립한 입면 기둥들의 중요성을 강조하면서 독특한 특성을 발전시켰다. 로마에서 초기의 두 개 신전인 포르투나 비릴리스Fortuna Virilis 신전과 베스타Vesta 신전은 모두 기원전 2세기에 만들어졌으며 그리스 건축가의 작품임이 거의 틀림없다.

가장 오래된 포르투나 비릴리스Fortuna Virilis 신전은 아마도 포르투누스Portunus 항구의 신을 위해 바쳐진 듯하다. 그리스와 이탈리아 건축의 모델인, 상단에 설립한 입면의 이오니안식 기둥들을 지나면 직사각형 방Cella이 있고 외벽에는 기둥들의 절반이 노출 되어 있는 듯한 입면을 구성하고 있다. 원래는 기둥들과 반半기둥들 모두 대리석을 흉내 낸 회반죽으로 덮여있었다. 그 근처에 있는 베스타Vesta 신전은 아마도 정복자 헤르쿨레스Hercules를 기념하는 듯하며 평면이 원형이고 로마에 존재하는 가장 오래된 대리석 건물이다. 원통형 방Cella의 문은 동쪽을 향해 있고 아마도 살라미Salamina 출신 그리스 건축가인 헤르모도루스Hermodorus의 작품인 듯한 코린티안Corinthian 주두를 가진 20개의 줄무늬 기둥들로 둘러싸여있다. 지붕은 원래의 지붕과 처마 부분이 사라졌기 때문에 기둥들로 직접 받쳐져 있다.

반면 판테온(A.D. 118~125)은 가장 큰 구형입체를 지녀 로마건축을 매우 상징적으로 보여주며 유럽건축사에서 가장 중요한 건물 중 하나다. 지금까지 원형 그대로 서 있으며 7세기에 기독교 교회로 봉헌되었다. 원래의 신전은 아그립빠Agrippa에 의해 서기 27년에 세워져 '모든 신' 들에게 바쳐졌었으며 아드리안 황제에 의해 118년부터 125년 사이에 완전히 재건축되었다. 거대한 구형 지붕으로 덮인 원형 방을 가졌고 높이 30미터, 두께 6.2미터인 콘크리트 벽체가 당대에 가장 큰 규모의 구형 천장을 지탱하고 있다. 천장은 원래 얇은 청동 판으로 덮여 있다가 나중에 납으로 교체되었고, 가운데는 지름이 거의 9미터에 이르는 구멍이 있어 내부에 빛을 제공하는 유일한 창문 역할을 하고 있다. 원형 방의 지름과 바닥부터 천장까지 높이는 같은 치수(43.3미터)라서 기하학적으로 원통형 입체에 구球가 내접하는 듯한 모양을 하고 있다.

아우구스토 임뻬라또레Augusto Imperatore 광장에 있는 아우구스투스 황제의 능묘(B.C. 1세기 후반)는 최초의 황제인 자신과 가족들을 위해 지어졌다. 1936년에 최종적으로 복원되었으며 삼나무들이 심어지고 꼭대기에는 황제의 조각상이 설치된 원뿔형 지붕으로 덮인 원형 건물(지름 87미터, 높이 44미터)과 사각형 기초로 구성되어 있다. 이 무덤은 에트루스칸 무덤뿐만 아니라 그리스 왕, 특히 알렉산더 대왕 무덤의 영향을 받아 지어졌다.

아드리안 황제의 능묘(Castel S. Angelo, A.D. 130~139)는 아우구스투스 황제의 능묘와 같은 모델로 지어졌으며 원래의 구조를 잘 간직하고 있다. 정사각형 기본 바탕(가로·세로 89미터) 위에 원통형 입체(지름 64미터, 높이 21미터)가 세워졌으며 코너에 있는 탑은 15세기말에 추가되었다. 이 무덤은 원래는 조각상들로 뒤덮이고 지상 부분에는 식재를 많이 하였으며 꼭대기 부분에는 아마도 황제의 조각상이 위치했을 듯싶다. 내부에는 곡선의 경사 램프(길이 125미터)가 좋은 상태로 보존되어 있어 중앙부의 무덤실까지 인도해준다. 아드리안 황제는 이 무덤을 캄푸스 마르티우스Campus Martius와 연결시키고

그림 3-30 판테온 신전 내부

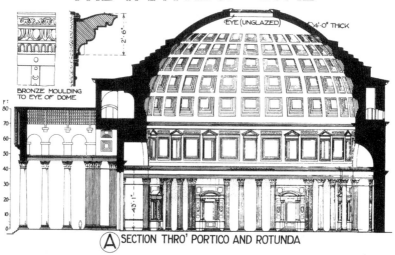

THE PANTHEON: ROME

EYE (UNGLAZED)

4'·0" THICK

BRONZE MOULDING TO EYE OF DOME.

Ⓐ SECTION THRO' PORTICO AND ROTUNDA

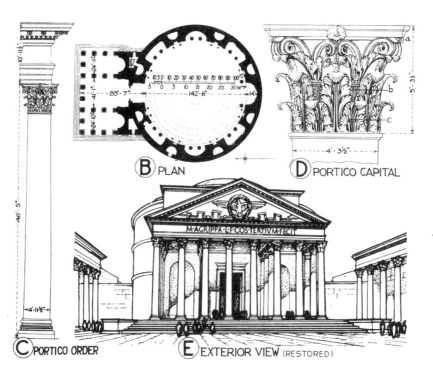

Ⓑ PLAN

Ⓒ PORTICO ORDER

Ⓓ PORTICO CAPITAL

M·AGRIPPA·L·F·COS·TERTIVM·FECIT

Ⓔ EXTERIOR VIEW (RESTORED)

그림 3-31 판테온 신전 평면

그림 3-32 아드리안 황제 능묘-싼딴젤로 성

자 엘리오Elio 다리도 건설하였다. 아드리안 황제부터 카라칼라 Caracalla 황제까지 모든 로마 황제들이 여기에 묻혔다.

6. 극장과 경기장

그리스의 극장이 언덕 기슭의 자연경사를 이용해 지어진 반면 로마의 극장은 도시 속의 평지에 다층건물 형식으로 지어졌으며, 신에 대한 봉사를 위한 그리스 극장과 달리 주로 오락행사를 위한 것이었다. 즉 무대에서 연기 위주의 행사가 열려서 오케스트라Orchestra의 필요성이 줄어들었기 때문에 무대의 바닥은 높아지고 면적이 늘어난 반면 의식이나 합창대의 무대는 원형에서 반원형으로 축소되었다. 무대 뒤편 건물은 규모가 커졌고 기둥으로 화려하게 장식하였

그림 3-33 마르첼루스 극장(B.C. 13~11)

다. 마르첼루스Marcellus 극장(B.C. 13~11)은 시저에 의해 창립되고 아우구스투스에 의해 완성되었는데, 그는 자신을 승계할 예정이었으나 어린 나이에 죽은 조카 마르첼루스Marcellus에게 이 극장을 헌정하였다. 이 건물은 중세에 요새Fortress로 쓰였으며 결국 사벨리Savelli 가문을 위하여 1523년에서 1527년에 발다사레 페루치Baldassare Peruzzi 궁전의 일부로 용도가 변경되었다. 원래의 입면은 두 개의 기둥열이 41개의 아치를 이루고 있었으나 현재는 12개만이 남아 있다. 지상층은 도리스식 기둥이고 2층은 이오니안식 기둥들이 절반이 노출된 모습으로 설치되어 있으며, 그 위는 아마도 코린티안식 돌출 기둥들이 지붕 부분까지 장식하면서 전체 높이가 35미터에 이르렀을 것으로 추정된다. 내부에는 극장의 지름이 130미터로 좌석이 15,000개를 수용하는 규모였으나 현재 남아있는 것은 없다.

콜로세움Colosseum(A.D. 72~80)이라 불리는 플라비안 원형극장 Flavian Amphitheater은 고대 로마의 가장 크고 유명한 건물로 도시를 대표하는 상징물이다. 처음으로 하나의 건물이 도시의 기념비적 규모로 고안되었으며, 베스파시안Vespasian에 의해 서기 72년에 착공되고 그의 아들 티투스Titus에 의해 8년 후에 완성되었다. 이 건물의 완공 행사는 100일 동안 검투사의 격투와 맹수 사냥 등의 행사로 거행되었다. 마루첼루스 극장과 마찬가지로 외부는 연속된 아케이드와 도리스·이오니아·코린트식 기둥들이 기둥 절반이 돌출된 형식으로 되어 있다. 중앙 경기장 바닥과 관중석 사이에는 단차를 두어 객석을 보호하였고 지하에는 맹수들의 우리와 검투사의 방이 설치되었다. 관중석 상부에는 햇빛을 차단할 수 있는 차양 캔버스가 설치되었다고 하며 수용 인원은 5만 명이었다. 투기장은 폐쇄된 후 황폐하게 버려졌으며, 르네상스 시대 에는 교회나 궁전을 짓기 위해 콜로

◸ **그림 3-34** 콜로세움 평면
◹ **그림 3-35** 콜로세움 외부 입면
◺ **그림 3-36** 콜로세움 전경

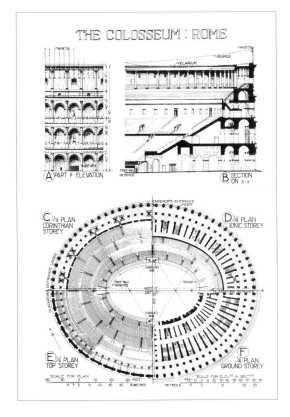

그림 3-37 콜로세움 내부 유적

세움의 대리석을 뜯어가는 바람에 계단과 관중석의 바닥 재료는 거의 소실되었고 원형 경기장의 일부분도 철거되어 현재의 상태가 되었다.

7. 공중 목욕장

카라칼라Caracalla 공중 목욕장(A.D. 212~217) 혹은 안토니아네Antoniane 공중 목욕장은 고대 로마가 남긴 가장 훌륭한 온천시설이다. 디오클레티안Diocletian 목욕장(A.D. 298~306)은 규모는 더 크지만 많이 부서지거나 재건되었다. 트라얀Trajan 목욕장의 평면과 유사한 이 거대한 건물은 벽으로 둘러싸인 거대한 공원(가로 337미터, 세로 328미터) 속에 있다.

제4장

로마네스크 건축

1. 로마네스크 초기

2. 후기 로마네스크 양식

1818년경 고고학자 뒤에리씨에 드 제르빌Duherissier de Gerville은 로마 언어 속에서 언어의 퇴화를 볼 수 있는 것처럼 중세 시대 전체에 걸쳐 확인되는 '고딕'이라 불리고 '무겁고 장중한' 노르망디 양식의 건축 속에서 로마제국에서 물려받은 형태가 퇴화한 것을 본 것 같다.그의 말대로 좀 더 지나서는 고대건축 후기 양식 및 중세 양식과 결별된 로마네스크 세계가 11세기와 12세기에 주위에 경계를 설정하게 된다.

로마네스크 건축은 기독교 문화를 가장 설득력 있게 표현하였는데, 이 기독교 국가는 서기 10세기 동안 노르망과 헝가리의 침입을 평정하고 정복자가 되었다. 특히 스페인과 시실리아를 정복하고 1096년에 첫 십자군 전쟁을 수행하여 예루살렘에 왕국을 설립하게 된다. 봉건 유럽제국은 여러 나라로 분할되었음에도 불구하고, 특히 재건축되고 확장된 도시들 속에서 생산과 물물교환을 증대시켜갔다. 도처에서 종교건축이 늘어나게 되었는데, 수도사 라울글라버 Raoul Glaber는 1048년에 "서기 1000년대부터 해를 거듭할수록 전 세계적으로, 특히 이탈리아와 골Gaule 지방에서 교회를 짓는 것을 많이 보게 된다"고 기록하였다.

1. 로마네스크 초기(11세기)

고대부터 명성을 지닌 롱바르드Lombards 지방의 장인들은 10세기에 헝가리 사람들에 의해 피해를 입은 이탈리아 북부의 교회를 11세기부터 빠른 속도로 복구하였다. 이 교회들은 일반적으로 뒷부분에서 후진Abside으로 끝나는 세 개의 중앙 회랑을 갖고 있다. 교회의 벽은 장방형 석재를 쌓아올려 외부에서 볼 때 아치형 프리즈에 의해 꼭대기에 집중된 약간 돌출된 수직 기둥들과 레젠느Lesene로 보강되고 리듬을 부여하였다. 지붕구조는 놀리Noli에 있는 상파라고리오San Paragorio(A.D. 1040~1060) 성당처럼 일반적으로 목조트러스 구조로 되어 있으나 로멜로Lomello의 쌩뜨 마리마제르Sainte-Marie-Majeure 성당처럼 측랑과 후진 부분이 교차 궁륭으로 되어 있는 경우도 있다. 명성이 높던 롱바르드 지방의 장인들은 스페인의 카탈로니아Catalognia 지방에서부터 프랑스의 프로방스Provence 지방, 부르곤뉴Bourgogne, 레나니Rhenanie까지 산재한 아뜰리에와 임무를 교대하게 된다. 이것은 부르곤뉴 지방에 1015년경에 설립된 샤띠옹-쉬르-센느Chatillon-sur-

← **그림 4-1** 뚜르뉘스의 성 필리베르 수도원(1015년경)
→ **그림 4-2** 성 필리베르 수도원 내부

Seine의 성직자 회의소나 뚜르뉘스Tournus의 성 필리베르Saint-Philibert 수도원이 증명하고 있다. 여기에서 중앙 회랑은 반원형 교차볼트로 되어 있고 측면 회랑은 교차볼트로 되어 있는데, 구조는 롱바르드 양식인 반면 입면은 문과 두 개의 종탑을 동반하면서 지역 전통을 보여주고 있다.

카탈로니아 지방의 타훌Tahull에서 1123년에 완성된 성 클레망Saint-Clement 교회와 산타마리아Santa-Maria 교회는 측면 종탑에 의해 주도된 체적 속에서 풍요롭게 채광이 되는 소박한 구조체의 모습을 통하여 롱바르드 양식에 의존하였음을 증명해주고 있다. 마찬가지 양식으로 까르도나Cardona의 쌩뱅상Saint-Vincent 교회(11세기 중반)는 이중 반원형 지붕, 교차 궁륭, 모사한 둥근 천장 등이 완전히 석재로 구축되어 있다. 에로Herault에 있는 성 길렘르데제르Saint-Guilhem-le-Desert(1030~1076) 구 수도원의 중앙 회랑과 수도원 안뜰을 둘러싼 회랑도 같은 구조로 완성되었다.

단일 중앙 회랑을 가지는 전통을 고수하고 있는 루아르Loire 지방

그림 4-3 뚜르의 쌩마르뗑 공회당(11세기 초)

↖ **그림 4-4** 쥐미에쥬 수도원, 동쪽 입면
↗ **그림 4-5** 쥐미에쥬 수도원, 서쪽 입면
↙ **그림 4-6** 쥐미에쥬 수도원, 중앙 회랑
↘ **그림 4-7** 쥐미에쥬 수도원, 회랑 기둥
　과 아치

에서는 11세기 초부터 뚜르Tours의 쌩마르땡Saint-Martin에서 실험했었던 방사형 교회당 회랑이라는 미래형 건축개념을 상상하게 한다.

　정복자이며 풍요로운 공국인 노르망디에서 주요 창작 작품이 등장하는데, 그중에 노트르담 드 쥐미에쥬Notre-Dame de Jumieges(A.D. 1037~1067)는 많이 손상된 상태이긴 하나 수직리듬을 강조하면서 기둥 사이의 간격으로 나눈 채 점점 좁아져가는 3층으로 된 중앙 회랑, 회랑으로 된 성가대석, 쌍둥이 탑을 거슬러 올라가는 입면 등이 양식을 증명해주고 있다.

그림 4-8 트리니떼 수도원 내부
그림 4-9 트리니떼 수도원(11세기 말)
그림 4-10 트리니떼 수도원 평면

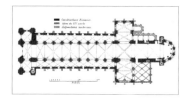

　　동시에 교차 궁륭도 사용하기 시작하는데 껑Caen의 트리니떼Trinite 교회(11세기 말)에는 높은 창을 설치하였다. 껑의 쌩떼띠엔느Saint Etienne 성당은 저층부는 고딕 아치를 사용하고 중간 층 부분은 원형 아치를 사용하며 수직 상승감을 강조하였다. 노르망디 건축 양식은 브르따뉴Bretagne 지방과 일드프랑스Ile-de-France 지방에 영향을 끼치게 된다. 특히 1066년에 영국이 노르망디에 정복된 후에는 영국에서 자리를 잡게 된다. 이 새로운 영지 위에 노르망디 양식은 색손Saxonne 건축 대신에 활발하게 자리를 잡아갔다. 껑에서 온 뽈Paul 신부에 의해서 1077년에 시작된 쌩알반Saint-Albans 수도원은 두드러진 트랜셉트와 교차 제등 탑으로 공회당Basilic 평면임을 규정하면서 강력하면서 기본적인 입체로 노르망디 원래 양식을 확인해주고 있다. 일정한 간격을 두고 놓인 후진과 내부와 외부에서 특정한 하중을 받

↑ **그림 4-11** 쌩떼띠엔느 대성당 동쪽
 입면(1140~1164)
↙ **그림 4-12** 쌩떼띠엔느 대성당 서쪽
 입면
↘ **그림 4-13** 쌩떼띠엔느 대성당 회랑

는 선을 강조한 기하학적인 장식 또한 노르망디 양식이다.

　북해에서 아드리아 해, 리에쥬Liege, 니메그Nimegue, 스트라스부르그Strasbourg까지 펼쳐졌었던 성 오토제국Saint Empire Ottonien에서 종교건축은 카롤린지엥 전통에 의해 기록된 채 남아있다. 기념비적인 건물들에서 일반적으로 중앙회랑은 세 개의 공간으로 구분되어 있고, 두 개의 후진(하나는 동쪽, 하나는 서쪽)과 연결되어 있으며, 트랜셉트의 교차부에는 제등 탑이 설치되어 있어 규칙적인 기구 속에서 완

그림 4-14 힐데자임의 쌩미셸 교회당
(1010~1033)

성된 획일적인 기하형태 효과와 매스 효과로 독특한 실루엣을 형성하고 있다. 잘 채광된 중앙 회랑에서는 아케이드 위에 높게 설정된 벽이 장식 없이 노출된 상태로 목재천장에 그려진 화려한 장식과 대조를 이루고 있다. 베른바르트Bernward 주교가 주도하여 건립된 독일 힐데자임Hildesheim의 쌩미셸Saint-Michel 교회당(1010~1033)은 이러한 형식을 힘과 우아함을 겸비한 채 구체화시켰다. 특히 이러한 유형은 정치적으로 안정되고 기독교화된 지 얼마 안 된 폴란드의 교회양식에서 11세기부터 써오던 오토니안 유형인 것이다.

2. 후기 로마네스크 양식(12세기 초)

초기 로마네스크 시대의 유럽에서 농촌교회, 수도원, 대성당과 그 부속건물들은 수도원 건축이든 순례자 교회이든 간에 목적에 부합된 유형의 선정을 위하여, 건축적 창조(예를 들어 둥근 지붕)를 위하여, 그리고 건물 장식 프로그램을 위하여 수천 개의 독특한 실험장을 제공하였다. 이러한 세 가지 분야의 완성을 통하여 12세기 초에 각 문화 영역마다 독특한 형태로 후기 로마네스크 건축이 규정지어진다.

11세기의 3/4이 지날 때까지 중앙 회랑을 석재로 덮는 것은 드물었고, 또 있었다 하더라도 지지면적이 제한된 규모였다. 그런데 주요 구조문제가 해결됨으로써 점차적으로 프랑스와 인접 국가들에서 둥근 지붕이 보편화되기 시작했다. 하지만 둥근 지붕은 그 지붕을 지탱하는 벽과 기둥들을 기울어지게끔 내미는 경사하중을 받게 된다. 이 하중을 견디려면 벽과 기둥을 두껍게 하고 창문의 수와 규격을 줄임으로써 이 지지부분의 저항력을 증가시키는 것으로는 충분하지가 않으며 중앙 회랑을 어둡게 하는 단점도 있다. 그래서 벽체 바깥부분에서 일정한 간격마다 부축 벽을 세워서 견고하게 하여야 한다. 내부에서는 측면의 중첩된 연단들이 벽체를 견고하게 하는 데 도움을 주는데, 특히 연단 부분이 교차 궁륭이나 반원형 궁륭으로 되어 있을 때 도움을 준다. 그 예로는 네베르Nevers의 쌩떼띠엔느Saint-Etienne와 꽁끄Conques의 쌩뜨프와Sainte-Foy 성당이 있다.

이러한 세 개의 층(아케이드, 연단, 높은 창) 중에서 브르곤뉴Bourgogne의 건축가들은 빠레 르모니알Paray-le-Monial의 제3 끌뤼니Cluny III 수도원과 같은, 연단 없이 두 개의 층으로 된 입면을 선호하

그림 4-15 꽁끄의 쌩뜨프와 성당

↖ **그림 4-16** 제3 끌뤼니 수도원, 외관
↗ **그림 4-17** 제3 끌뤼니 수도원 내부 회랑
↙ **그림 4-18** 마들렌느 교회당 서쪽 입면
↘ **그림 4-19** 마들렌느 교회당 내부 궁륭천장

여 분절된 둥근 천장이나 베즐레의 마들렌느 교회당Eglise de la Madeleine a Vezelay과 같은 사선방향의 하중을 감소시키게 구성된 궁륭천장 중앙 회랑을 만들었다. 이러한 해결방법은 채광이 잘 되는 높은 창문의 설치를 가능하게 해주었다.

대부분의 교회당에서 트랜셉트의 교차부분 천장은 두 가지 인위적 방법, 즉 귀퉁이의 작은 홍예위에 설치된 둥근 천장이나 삼각 홍

← **그림 4-20** 뻬리귀으의 쌩프롱 성당
(12세기)
→ **그림 4-21** 쌩프롱 성당 내부

예위에 설치된 둥근 천장으로 되어 있는데, 이 방법들은 교차부분의 사각평면과 구형천장의 원을 연접시켜 준다. 상징적으로 사각평면은 반구형 모양의 구형천장이 이루는 신을 지칭하는 하늘의 이미지로 지배되는 네 가지 요소로 땅을 환기시키고 있다. 프랑스 남서부의 여러 교회의 중앙 회랑과 트랜셉트는 삼각홍예위에 연속된 구형천장으로 덮여 있기도 하다. 이러한 방법으로 뻬리귀으Perigueux의 쌩프롱Saint Front 교회와 까오르Cahors의 쌩떼띠엔느Saint-Etienne 교회는 구조적 안정 문제, 상징적 가치와 밝고 안정된 내부공간 문제를 우아하게 해결해주고 있다. 또 다양한 기술개발이 생기면서 석조로 된 둥근 천장은 화재위험을 줄이고 신의 완벽함을 상징하면서 교회의 단일한 이미지를 완성하고 있다.

초상을 조각하고 그리는 프로그램은 시토Citeaux 수도회의 건물들 내부에 지어진 것을 제외하고 소우주의 단위를 풍요롭게 해주었다. 프랑스에서는 주출입구 상부 벽이 회화양식에서 영향 받은 자유로운 조형물의 기념비적인 구성으로 만들어진 주제, 주로 최후의 심판(꽁끄의 쌩뜨프와 성당)으로 조각되어 있다. 앙굴렘Angouleme의 대성당이나 쁘와티에Poitier의 노트르담 라그랑드Notre-Dame-la-Grande 성당의 경우도 조각장식이 입면을 뒤덮어 건축적 질서에 따르는 양상을 보이고 있다. 베즐레의 마들렌느 교회당Eglise de la Madeleine a Vezelay, 므와싹Moissac의 쌩브느와쒸르르와르Saint-Benoit-sur-Loire에서처럼 중앙 회랑과 후진 주변에 있는 회랑의 위치를 구분해주는 장식과 삽화로 덮인 기둥들은 무궁무진한 표상과 구성의 창조성을 잘 보여준다.

이와 비교될만한 질적인 수준을 스페인의 산타 마리아 드리뽈 Santa Maria de Ripoll이나 쌩 작끄 드꼼뽀스텔Saint-Jacques-de-Compostelle의 수도원에서 볼 수 있다. 반면에 이탈리아에서는 고대건축의 조각기 술에 신세를 지고 있고 영국의 큰 교회들의 내부는 기하학적인 검소 한 장식들이 지배하고 있다.

산미니아또San Miniato(플로랑스Florence, 12~13세기)의 입면 장식 이나 쌩싸벵쒸르가르떵쁘Saint-Savin-sur-Gartempe(비엔느Vienne, 1100)의

← **그림 4-22** 앙굴렘의 대성당
→ **그림 4-23** 노트르담 라그랑드 성

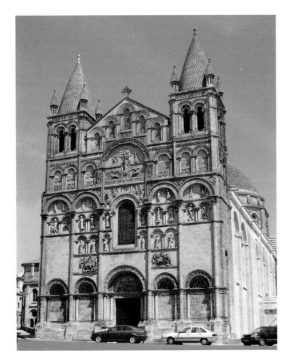

둥근 천장 장식과 같이 당시에 무수히 많았던 회화 장식은 더 이상 드문 유적이 아니다.

12세기에는 석재로 된 첫 번째 요새 성(노르망디 지방의 해안절벽)이 완성되지만 수도원들이 우세를 지켰다. 교단은 그들의 경제활동과 각종 기증으로 풍요로워서 그들의 문화적 역할은 막중한 것이었다. 전 유럽에서 수도사들은 끌뤼니Cluny(1088)에서 세워진 풍성하게 장식된 수도원이나, 베르나르 드끌레르보Bernard de Clairvaux 규칙(퐁뜨네 수도원Abbaye de Fontenay, 1119)에 따라 장식 없이 엄격하게 계획된 시토 수도회의 건물양식을 적용하면서 수백 개의 수도원을 지었다. 큰 수도원, 순례 중심지, 유물예배 등을 위해서는 뚤르즈Toulouse의 쌩쎄르넹Saint-Sernin, 쌩질르뒤갸르Saint-Gilles-du-Gard, 그리고 쌩작끄드꼼뽀스텔Saint-Jacques-de-Compostelle(스페인, 1078~1122)처럼 후진 주위에 널따란 회랑을 필요로 했고 기념 행사를 동시에 열기 위해 많은 방사형 교회를 만들게 되었다.

→ **그림 4-24** 뚤루즈의 쌩쎄르넹 성당 외관

← **그림 4-25** 쌩쎄르넹 성당 내부회랑

제5장
고딕 건축
(12~16세기 초)

1. 중세도시 · 2. 대성당의 건축 · 3. 새로운 양식의 완성

4. 개화와 확장 · 5. 불꽃식 고딕 · 6. 건축적 장식의 중요성

7. 유리창 · 8. 영국식 고딕 · 9. 독일식 고딕

10. 이베리아 고딕 · 11. 이탈리아 고딕 · 12. 군사용 건축

1. 중세도시

고딕형태의 대성당 건축은 11세기부터 시작된 전례 없는 도시부흥과 때를 같이하여 그 근원은 유럽의 경제, 산업의 새로운 비약 속에 있었다. 일반적으로 중세도시는 봉권력에 대하여 자신의 독립을 확인하는 것과 생산, 상업, 내외무역을 원활하게 하기 위한 공유권력을 확립하는 것을 걱정하는 큰 부자 상인들이 주도하였다. 이러한 부의 소유자들은 영주(부뤼즈, 11세기)나 왕(루브르, 빠리 1180~1210)의 요새 성을 병합할 수 있는 강력한 성채, 예를 들어 시에나(11세기)나 카라카손(1240~1285) 뒤에 안주하였다. 그리고 군사적 방어는 조금도 민주주의적이 아닌 공권력을 잡고 있는 부자 주민들에 의해서 유지되는 부르주와 군대에 의해서 시행되었다.

그림 5-1 시에나(11세기)

그림 5-2 카라카손(1240~1285)

도시 자체의 테두리 내에서만 성장해야 했던 중세도시는 자연스레 밀도가 높았다. 대부분의 경우 도로망은 프랑스의 남부 몽빠지에Montpazier(1284)처럼 격자형 평면으로 계획된 작은 요새를 제외하고는 기하학적이지 않았다. 대개는 좁고 넓으나 궤적이 불규칙적인 중세도시의 도로는 주광장과 대조적이었다. 광장은 시에나의 깜뽀piazza del Campo, Sienna 광장(1297~1310)처럼 공권력의 상징으로 성벽에 감시구를 뚫어놓은 탑이 위로 불쑥 나온 시청이나 공공궁전 아래 펼쳐졌다. 루벵Louvain의 화려한 장식으로 된 시청Hotel de

그림 5-3 프랑스 남부 몽빠지에(1284)

← **그림 5-4** 시에나 시청
→ **그림 5-5** 시에나 광장

Ville(1447~1463)은 부르주와의 호사스러움을 은유하고 있다.

규모가 큰 도시에서는 장이 열리는 광장이 시청 앞 광장과 구별되어 있다. 게다가 플랑드르 지방의 부유한 상업도시들은 창고와 사무실을 포함하는 거대하고 화려한 시장건물을 지었는데 그 예로는 이프르Ypres(1202~1304)와 브뤼쥬Bruges(13~14세기)가 있다.

예외적으로 피사 성당은 도시중심 공간과 이격되어 있지만, 이러한 광장 근처에 장식은 많으나 주변이 덜 정돈된 대성당이 있어 별개로 떨어진 대상으로 인식되지는 않는다. 주변과 강하게 연결된 대성당은 공간에 가치를 부여하고 자체의 영향과 다양한 기능으로 도시의 독창적인 열망을 고조시킨다. 중세도시의 평면은 계획적인 조직화를 위해서는 잘 어울리지 않는 것처럼 보인다. 그럼에도 불구하고 시에나의 예에서는 주요 도로가 지층분석에 따른 유기적인 관계를 지닌 채 세 개의 등성이를 따라 나있다. 게다가 규모가 큰 모든 도시는 법규에 의해서 관리되고 있다. 역시 시에나에서는 미관심의 위원회l'Ufficiali dell Ornato가 도로의 구성 및 주거입면의 질을 통제하고, 런던London에서는 12세기부터 시당국이 주거건축을 의무적으

↖ **그림 5-6** 루벵의 화려한 장식으로 된 시청(1447~1463)
↗ **그림 5-7** 브뤼쥬(13~14세기)
↓ **그림 5-8** 이프르(1202~1304)

◹ **그림 5-9** 피사 사탑
◸ **그림 5-10** 피사 세례당과 성당
◺ **그림 5-11** 피사 사탑과 세례당 평면
◿ **그림 5-12** 피사 성당과 종탑

로 박공머리를 도로 쪽으로 한 2층 석조건물로 할 것을 규정하고 있다. 이는 도처에서 다양한 프로그램과 건축 유형을 통합하면서 구조적 방식을 체계적으로 상용함으로써 도시경관을 결속시키는 데에 기여하였다.

14~15세기에는 대규모 종교건축의 수요는 고갈되었지만 때로 부적당하면서 명성을 겨냥한 부르주와 도매상과 은행, 고위 귀족계급으로부터 병원 건축(니꼴라홀랑Nicolas Rollin에 의한 본느Beaune 시의 오

그림 5-13 에나의 도로

그림 5-14 본느 시의 오뗄디유 병원(1443)

뗄디유Hotel-Dieu 병원, 1443)을 비롯한 건축수요가 점점 더 많아지게 되었다. 그리하여 부뤼즈의 오뗄작끄꿰르Hotel Jacques-Coeur 건물은 이러한 부르주와 사회에 어울리는 건축적 질과 사치수준을 잘 보여주고 있다. 중세 말기의 도시문화에 의해 도달한 복합성과 섬세함의 수준을 가능하게 된 것이다.

2. 대성당의 건축

고딕건축은 고대 기독교 바실리카 형식의 교회 전통에 속하는 대성당에서 실현되었다. 고딕건축은 몇몇 구조적 특징을 채택하면서 스스로 적응시켰다 하더라도 로마건축을 재건한 것은 아니다. 고딕건축의 독창성과 효율성은 개편된 종교적, 정치적, 사회적 프로그램에 서비스하는 구축과정을 창안하고 체계화한 덕분이다.

주교 교회인 대성당은 도시적이다. 대성당은 그 규모로, 실루엣으로, 정신적 소명으로, 구조적 복합성으로, 조형적 아름다움으로

도시를 상징적으로 지배한다. 확실히 이러한 대규모 건축은 강력한 인물들에 의해 추진되었지만 12세기에 건축주는 다변화되는 경향이었다. 플로랑스, 오르비에또, 시에나 등의 도시국가에서는 종교계와 민간의 고위귀족과 군주들 이상으로 공동체와 전문 그룹들이 그들이 참여하는 분야에서 건축주 역할을 맡게 되었다. 결국 점점 도시화되는 사회에서 부르주와 계층이 단계적으로 권세를 누리게 되었다. 그래서 일드프랑스Ile-de-France와 인접 지방의 표적을 남기는 대성당들이 신권의 절대적 권력을 표현하였다면 다른 곳에서는 13세기부터 주민들이 건축주로서 민주적으로 참여하게 되었는데, 그 예가 스트라스부르그Strasbourg 대성당(13~14세기)이나 시에나 성당(13세기)의 경우다. 도시는 당시의 모든 기술적, 예술적 지식을 연합하고 무거운 투자를 필요로 하는 대성당을 중심으로 지적, 물질적 성장의 근원이 되었다.

또 11세기에는 대규모 건물을 구상할만한 능력 있는 건축가가 드물어 건축주들이 공간배치, 구조방식 등의 프로젝트와 현장문제를

← **그림 5-15** 시에나 성당(13세기)
→ **그림 5-16** 스트라스부르그 대성당
(1180~1439)

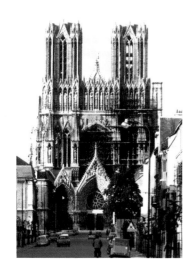

↖ **그림 5-17** 랭스 대성당(1211~1275)
↗ **그림 5-18** 랭스 대성당 남쪽 입면
↓ **그림 5-19** 랭스 대성당 내부 회랑

맡게 되는데 쌩브느와 쒸르 르와르Saint-Benoit-sur-Loire 성당(1026)에서 수도사 고즐랭Gauzlin이 수행한 역할이 그 예이다. 다음 세기에는 대성당 건축주의 임무를 그 분야의 건축가들이 맡게 되었는데, 예를 들면 랭스Reims 성당(1211~1275)의 쟝도르베Jean d'Orbais가 있다. 과학적이고 대담한 작업으로 존중받으면서 저명한 인물들은 보베Beauvais 성당의 48미터 천장과 스트라스부르그 성당의 142미터 뾰족탑을 완성하기 위하여 건축주들이 전념하는 설계경기를 이용하였다.

건축가는 그들의 프로젝트를 양피지Parchemin 위에 상세도면으로 그려 모형과 함께 건축주에게 인가받기 위하여 제출했다. 이어서 건축가는 현장의 도면작업실Chambre aux traits에서 제식을 집행하는 직능공에게 실시도면을 제공했다. 실시도면은 석재를 사용현장에 따라 절단하도록 해주는 시공도면을 작성하는 데 쓰이는 것이다.

11세기에 수도원을 지었던 평수도사들로부터 거의 '자본주의자'인 건설회사의 유급노동자들이 대성당의 건축현장에서 임무를 승계하게 되는데, 이는 당시 사회의 종교와 정치사회의 분리현상이

전개되고 노동조직이 발전됨을 단적으로 볼 수 있는 예이다. 특히 도르레ecureuil에 의해 작동되는 기중기뿐만 아니라 내력벽이 완성됨에 따라 이동 설치되는 비계처럼, 주로 건축가들에 의하여 현장작업 도구가 개량됨에 따라 노동조직이 점점 합리화되어 갔다.

그림 5-20 보베 성당

3. 새로운 양식의 완성

이탈리아의 르네상스 인본주의자들의 경멸 섞인 '고딕(야만스러운)'
이라는 수식을 물려받은 다음에 대성당 위주의 중세건축을 두고 고
전적 건축가와 이론가들 사이에 의견이 분열되었다. 19세기 초에
국가주의 정신으로 고딕건축을 복원시키고 찬양한 것은 낭만주의
자들이었다.

이 경우에 해당하는 것이 일드프랑스Ile-de-France의 건축이었다.
정확히는 쌩드니Saint-Denis 수도원(1140~1143)에 건축의 근원을 적
용한 것은 프란츠메르텐Franz Mertens(1841)의 작업이었으며, 독일에서
는 고딕건축이 게르만의 천재성이 만들어낸 것으로 인식하였다. 이
교회의 건축주인 신플라톤주의에 영향 받은 슈거Suger 사제가 신의
존재를 의미하는 빛의 기본적인 상징성에 중점을 둔 건축적 프로그
램을 고심하여 구상하였다. 여기에서 육중한 건축물을 대신하여 넓
게 열려있는 대규모 뼈대구조의 필요성이 대두한다. 그 필요성은
아치형 교차 궁륭에 의하여 구성된 체계 속에서 실현되는데, 그 체
계를 살펴보면 고착된 기둥지지대에 하중을 전달하는 플라잉버트
레스(1180년경 발명)에 의해 내풍설계된 중앙 회랑 내벽의 일정한 지
점에 대부분 횡력을 전달하는 궁륭의 능선 부분이 뾰족 아치 위에
위치하고 있다. 항시 넓게 되어 있는 창문에는 많은 색으로 된 유리
가 빛을 통과시키면서 만들어놓은 초상을 선보이고 있다. 그리하여
내부는 바닥이나 기둥에서부터 시작하여 궁륭 천장 꼭대기까지 연
결된 가는 기둥들이 두드러져 나타나게 하는 수직적 요소에 의해 지
배되고 있다. 더 보완해주는 것은 아래쪽 부분과의 유대를 최대한
증진시키고자 연속된 커다란 아케이드가 최대한 높게 설치되어 있

그림 5-21 쌩드니 수도원(1140~1143), 일
드프랑스 건축

고, 중앙 회랑과 같은 높이를 가진 내진(內陣) 부분과 트랜셉트가 빛이 전체를 통합하는 역할을 하도록 해주며, 또 설교대와 중앙 회랑 앞부분을 생략한 것(썽스Sens 대성당)도 같은 역할을 해준다. 썽스의 쌩떼띠엔느Saint-Etienne 대성당(1140~1164), 누와이용Noyon의 노트르담 대성당(1145~1180), 빠리의 노트르담 대성당(1163~1182), 그리고 롱Laon의 노트르담 대성당(1170~1210)은 외부에서도 알아볼 수 있는 이러한 새로운 양식의 골격을 부분적으로 보여주고 있다. 빠리의 경우, 조화로운 서쪽 입면의 조형성과 질서 속에서, 성당 후진 부분의 복합성에서, 거대한 횡력 아치와 지지대로 되어 있는 완고한 리듬 속에서 삼위일체를 상징하는 세 개의 조각된 문으로 된 의기양양한 입구, 높은 갤러리 창, 쌍둥이 탑, 그리고 장미창의 중심성이 형성된다.

　고딕건축의 구상에 대하여 우리가 알 수 있는 것은 일드프랑스Ile-de-France가 로마건축의 영향을 조금 받은 지방이라는 것이다. 12, 13세기에는 더욱 근본적으로 프랑스의 문화적, 지적 기운이 빠리에서 특히 아벨라르Abelard의 교육을 받으러 이탈리아, 독일, 영국에서부터

← **그림 5-22** 빠리의 노트르담 대성당 내부
↑ **그림 5-23** 빠리의 노트르담 대성당 평면
↗ **그림 5-24** 빠리의 노트르담 대성당 동쪽 입면
↘ **그림 5-25** 빠리의 노트르담 대성당 플라잉 버트레스

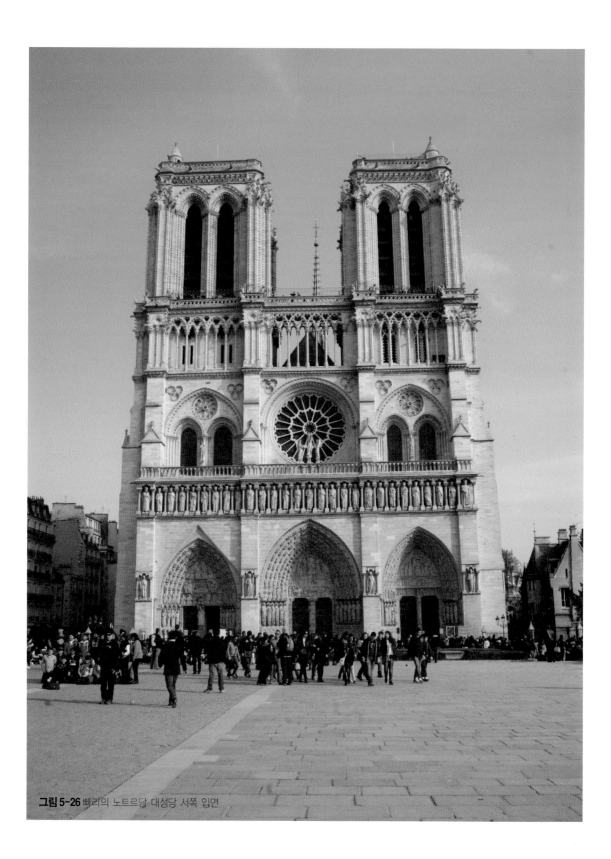

그림 5-26 빠리의 노트르담 대성당 서쪽 입면

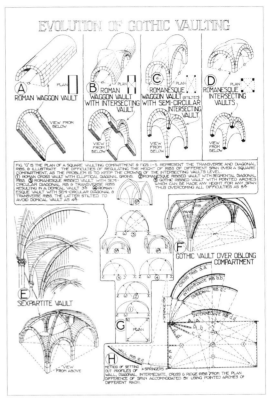

철학자, 신학자, 작가, 인본주의자들을 끌어 들이게 된다. 파노프스키E. Panofsky는 당대에서 사고하는 방법과 짓는 방식 사이에 접근을 하도록 도움을 주었다(《고딕건축과 스콜라적 사고Architecture gothique》, 1948).

　결국 우리는 고딕의 탄생이 프랑스의 군주왕조가 확립되고 확장된 기간과 일치하고 게르만 왕조에 폐해를 끼치며 유럽에 영향력이 증가되는 기간과도 일치함을 확인한다. 결국 일드프랑스 대성당의 건축은 카페 왕조뿐만 아니라 교회 고위대관 덕분에 된 것이며, 여기에서 두 개의 메시지를 던져준다. 즉 하나는 종교적, 신화적인 것이고, 또 하나는 정치적인 것이다. 그리고 신권 군주정치를 확인하는 도구로서 대성당은 입면 위에 프랑스 왕들의 초상과 구약성경의

← **그림 5-27** 롱 노트르담 대성당 입면
→ **그림 5-28** 고딕 구조의 변천

왕들의 초상을 나란히 전시한다. 그 결과 이 지역의 고딕 대성당의 지리적 확장은 일드프랑스 지역으로부터 왕위에 접수된 영토 확장에 따라 이루어진다.

4. 개화와 확장

이러한 첫 대성당들에 이어 고딕이 가장 높은 양식적 특징에 도달한 것은 샤르트르Chartres 대성당인데 1194년에서 1220년까지 재건축되었으며 6등분된 궁륭 천장보다 더욱 단일한 리듬을 갖는 4등분된 포탄 모양의 단면을 가진 교차 궁륭 천장을 가졌다. 아케이드의 기둥들은 반쪽만 노출된 기둥들을 동반하는데 약한 수평성을 지녔을 뿐인 제단을 대신하여 입면을 세 개 층Triforium으로 수직성을 나타내기 위하여 이 기둥들은 천장 교차 능선까지 연속되어 있다. 트랜셉트의 상반부의 입면은 장미를 둘러싸면서 구성되어 있다.

랭스 대성당(1211~1275)에서 고딕의 구조적, 표현적 체계는 비례, 구조, 공간, 다양한 장식방법에 의하여 고전양식이라 일컫는 고딕모델을 낳게 된다. 서쪽 입면의 감각적 조형성과 유리의 빛이 투과하면서 내부구조의 선에 의해 생기는 기하학적 순수성 사이에 변증법적 관계가 형성된다. 1240년에서부터 1260년까지 많이 사용된 장미창은 원래 명칭이 '고딕 방사형 창Gothique Rayonnant'이었다.

노르망디 지방의 리지유Lisieux(1170~1235), 꾸뎅스Coutances(1218~1274), 삐까르디 지방의 아미엥Amiens(1220~1265), 혹은 남부지방의 끌레르몽 페렁Clermont-Ferrand(1248년부터), 나르본느Narbonne(1272년에 성가대 부분 공사 시작), 뚤루즈Toulouse, 보르도

Bordeaux 등에 못지않게 일드프랑스 지방의 대성당들은 많은 모델을 갖고 있다. 그러나 미디Midi 지방에서는 특별한 고딕이 병행해서 발전하는데, 예를 들면 축을 따라 설치된 아케이드와 함께 벽돌조로 된 똘르즈의 자꼬뱅Jacobins 교회가 있고 자체의 공간과 기념비적인 매스로 북부Nord 지방 구축방식에서 이율배반적인 대표작으로 인식된 알비Albi 대성당(1282~14세기 말)도 있다.

그림 5-29 샤르트르 대성당(1194~1220)

← **그림 5-30** 아미엥 대성당 입구
↗ **그림 5-31** 삐까르디 지방의 아미엥 대성당(1220~1265)
↘ **그림 5-32** 뚤르즈 자꼬뱅 교회의 붉은 벽돌 고딕 건축

↖ **그림 5-33** 알비 대성당
　　(1282~14세기 말)
← **그림 5-34** 알비 대성당 남쪽 출입구
　　천장구조
↙ **그림 5-35** 알비 대성당 남쪽 입면
↗ **그림 5-36** 알비 대성당 회랑
↘ **그림 5-37** 알비 대성당 동쪽 입면

← **그림 5-38** 쌩샤뻴 성당 내부
→ **그림 5-39** 빠리의 쌩샤뻴 성당

　빛에 대한 추구와 구조방식의 빈틈없는 짜임새를 결합하면서 뼈대구조는 건축가(드 몽트레이유P. de Montreuil로 추정됨)가 뾰족 아치를 안 쓰려고 지붕틀 아래에서 다르게 처리된 횡단 인장재를 강화한 빠리의 쌩샤뻴Saint-Chapelle 성당의 거의 완전한 유리입면에서 가장 완숙한 표현을 찾게 된다. 고딕건축의 이러한 양상에서 보강금속재는 필수불가결한 요소가 되는데, 지니고 있는 하중과 힘에 의해 결정되는 역학적인 체계로서 고안되고 실현되는 구조를 가늘게 표현하는 기법에 항상 전념하게 되며, 그 예로 메츠Metz(13~14세기) 대성당, 트르와Troyes의 쌩위르벵Saint-Urbain(1262) 성당, 스트라스부르그 대성당(1180~1439) 등이 있다.

5. 불꽃식 고딕Gothique flamboyant

1830년부터 칭해진 이 수식어는 벙돔Vendome의 트리니떼Trinite 성당의 주입면처럼 창문, 박공벽, 합각지붕의 삼각 면 등을 장식하는 볼록곡선, 오목곡선으로 된 계통의 불꽃이 타오르는 듯한 리듬을 환기시킨다. 1380년대부터 1550년대까지 펼쳐지는 고딕건축 말기 양상의 다양성을 알릴 수 있는 것은 언어의 유창함밖에 없을 것이다.

이러한 집중적인 건축기간 동안 쌩니꼴라 드쁘르Saint-Nicolas-de-Port(1481~1551) 교회처럼 아케이드 높이를 최대한 올리거나, 특히 샹빠뉴Champagne 지방에서처럼 교회 겸 시장의 방침을 채택하면서 더욱 유동성 있으면서 균질의 내부공간을 만들기 위하여 고딕 건설

그림 5-40 벙돔의 트리니떼 성당

자들의 뛰어난 솜씨가 이용되었다. 동시에 채색을 경감시켜 좀 더 투명하게 된 유리는 중앙 회랑을 매우 밝게 만들어 조형성은 더 이상 그림자의 유희가 아닌 결과를 가져왔으며, 그 예가 브루Brou 수도원 교회(부르그 엉 브레쓰Bourg-en-Bresse 소재, 1505년부터 건축)이다. 이러한 빛의 증가는 뤼Rue의 쌩떼스프리 교회당Chapelle du Saint-Esprit(솜므Somme 소재, 1480)에서 궁륭 천장의 많은 리브와 천장 면에 장식을 풍부하게 하였다. 유동성에 대해서는 특히 노트르담 드끌레리Notre-Dame-de-Clery 성직자회 조직의 교회(루아레Loiret 소재, 15세기 후반)에서 리브와 쇠시리가 지지 부분을 관통하는 연속적 방식에서 찾아볼 수 있다.

모든 점에 있어서 이 불꽃식 예술은 과거의 경향과 구별되는 관능적 쾌락을 아낌없이 보여준다. 즉 건축물 프로그램이 13세기보다 덜 야심적이므로 개념적, 형태적으로 자유로운 추세가 빈틈없는 기술적 우월성으로 만든 산물에 스며든 것이다.

6. 건축적 장식의 중요성

대성당 건축이 그토록 인상적인 것은 고정된 장식이 있기 때문일 것이다. 우선 외부에서 석재 재질을 나타내주는 조각장식을 볼 수 있다. 쌩드니Saint-Denis 성당(1150년경), 샤르트르Chartres 성당(1145~1150)과 빠리의 노트르담 대성당(1163~1182)의 주출입구에서 조각상 기둥들이 거의 선적인 주름진 휘장을 두르고 틀에 박힌 표정을 한 채 받침대 위의 기둥들의 비례를 따르고 있다. 지붕합각면과 아치곡선도 종교의식과 속세의 주제에 대하여 같은 양식으로 처리되어 있다.

썽리스Senlis 대성당(1185~1190)의 입면에서 시작하여 고딕 건축의 조각이 더욱 독자성을 가지고 형태가 더욱 유연하게 변화하는 것을 샤르트르 대성당의 남쪽 문에서 확인하게 된다. 기둥으로부터 자유롭게 설치된 받침대 위의 사람들은 정상적으로 비례가 맞도록 되어 있으며 그들의 표정은 개성 있고 주름진 휘장은 실제 형태감을 갖고 있다. 아미엥Amiens 대성당의 서쪽 입구에서 커다란 조각상들은 경직성은 전혀 없이 모델들은 힘이 있다. 반면에 렝스 대성당의 북쪽 입구의 조각상들은 주름진 휘장과 어색하지 않은 표정에서 13세기에 발견된 고대유물작품의 영향을 보여주고 있다. 그리고 스트라스부르그 대성당의 주 입구에도 조각상의 체격, 자세, 의복, 그리고 표정 등에서 개성적인 표현주의(14세기 초)에 근접하고 있으며, 몇 년 후 아미엥 대성당 입면의 북쪽 탑에는 매우 인상적인 사실주의로 당대의 인물초상을 세웠다.

그림 5-41 빠리의 노트르담 대성당 조각상

7. 유리창

고딕건축의 재료와 형태는 석재만큼이나 유리재의 은혜를 입고 있다. 건물의 표피를 구성하고 조형적, 상징적 체계로서 유리는 고딕의 근본적 특징 중 하나이다. 우선 쌩드니 대성당(1140~1145)에서 슈거 사제의 요구로 여섯 개의 유리가 후진 주위에 있는 회랑에서 새로운 건축개념으로 사용되고 있는데 나뭇잎 장식에 둘러싸여 원형 유리판으로 된 그들의 구성은 프랑스에서 하나의 파를 이루었다.

13세기 초에 유리 면적이 늘어나면서 회색만 써서 농담, 명암을

그림 5-42 스트라스부르그 대성당의 주 입구 조각상(14세기 초)

그림 5-43 빠리의 노트르담 대성당 장미창

그리는 화법의 사용이 증가하고, 파란색, 빨간색, 초록색이 농도를 얻 게 되었다(샤르트르Chartres, 1220; 쌩뜨 샤펠Sainte-Chapelle, 1243~1248). 1300년이 조금 지나서 노란색 은의 발견은 더욱 대조된 구성이 생겨나게 한 반면에 트루와Troyes의 쌩위르방Saint-Urbain 교회(1264)에서는 장식과 위대한 사람들로 구성된 유리창들이 전부 회색만 써서 농담, 명암을 그리는 화법으로 표현되었다. 결국 15세기 주변에 특히 반아이크Van Eyck 그림의 영향 아래 에브르Evreux 대성당의 유리창, 빠리의 노트르담 대성당, 빠리의 쌩뜨샤펠Sainte-Chapelle 성당(1490)의 장미창에서 체적과 투시도 기법이 자리를 잡게 된다.

구조체를 추상화시킨 것과 결합된 유리창들의 보통 채색이 된 투명성은 중앙 회랑을 수정같이 성스러운 공간으로 만들어 '성스러운 도시, 새로운 예루살렘, 그리고 그 화려함이 보석 같고 수정처럼 투명한 벽옥석 같다' (성 요한, 《요한묵시록》)고 기록되고 있다.

그림 5-44 캔터베리 대성당(1176)

8. 영국식 고딕

건물의 수, 대성당의 규모, 구조적 · 장식적 특성, 그리고 이 양식의 오랜 지속 등은 영국식 고딕을 유럽에서 가장 기록적인 것 중 하나로 만들었다. 그럼에도 불구하고 캔터베리Cantorbery 대성당을 재건축하기 위해서 초빙되어 1176년에 영국에 고딕양식을 심은 것은 프랑스 건축가 기욤 드썽스Guillaume de Sens이다.

프랑스식 방침으로 1245년부터 세워진 왕의 축성식을 위한 교회인 웨스트민스터 사원을 제외하고 모든 대성당들은 영국식 모델로 변하지 않는 구조를 보여준다. 평면은 두 개의 트랜셉트가 교차하

그림 5-45 쌀리스버리 성당(1220~1260)

는 점점 가늘어지는 형태이며 교차부에는 높은 탑이 위치하는데, 외부와 내부의 볼륨은 뚜렷이 구별되면서 연접되어 있다. 가로로 늘어지면서 매우 구획된 입면들은 내부의 분배를 감추며 움푹 들어간 많은 조각들을 포함한다(웰스Wells 성당, 1183~1260; 쌀리스버리 Salisbury 성당, 1220~1260).

　세 개 층으로 된 내부 입면은 수평성이 주를 이루고 있으며 리듬의 연속과 공간 단위는 간과되었다. 플라잉버트레스는 거의 없다. 영국건축 전통의 방침이 프랑스에서 유래된 형태를 흡수한 웰스Wells와 쌀리스버리Salisbury 대성당은 초기 영국양식(초기 고딕)을 대표한다. 이러한 양식을 지닌 링컨Lincoln 대성당(1192~1280)에서 장식된 양식Decorated Style의 첫 징후를 천사성가대(1256~1280) 속에서 찾게

← **그림 5-46** 링컨 대성당 실내
→ **그림 5-47** 링컨 대성당(1192~1280)

된다. 그로부터 영국 건축가들은 웰스 대성당의 참사회실(14세기 초), 구불구불하고 화려한 역학이 채택된 엘리Ely 대성당의 성모 교회당(1321~1349)과 채광 탑 등과 같이 극도로 복잡한 리브로 된 궁륭 천장을 장식하는 데 뛰어난 솜씨를 보여준다.

이러한 지붕에 대한 연구는 수직성을 강조한 양식(글루체스터 Gloucester 대성당, 1337~1367)의 특성인 창 위의 직교하는 곡선 장식된 성가대석의 초기 유리창들에 대한 연구와 공존하게 된다. 이 연구는 이어서 거미줄처럼 퍼져가는 부채꼴 모양의 궁륭 천장(베쓰Bath 수도원의 성가대, 15세기 말)이나 무겁게 장식된 헨리 7세 교회당이 있는 수직성을 강조한 양식의 사례이기도 한 웨스트민스터 사원 (1503~1519), 부채꼴 모양의 궁륭 천장과 유리창으로 덮인 기다란 평행육면체 형태를 지닌 케임브리지의 킹스컬리지King's College 교회당(1446~1515)으로 통하게 된다.

↖ **그림 5-48** 글루체스터 대성당 성가대석
↑ **그림 5-49** 베쓰 수도원의 성가대(15세기 말)
↗ **그림 5-50** 헨리 7세 교회당 웨스트민스터 사원(1503~1519)
↓ **그림 5-51** 케임브리지의 킹스컬리지 교회당(1446~1515)

그림 5-52 킹스컬리지 교회당 내부

9. 독일식 고딕

고딕양식은 자신들의 로마 전통에 집착된 독일 영토에 쉽게 침투하지는 못했다. 마그데부르그Magdebourg에 있는 프랑스 고딕 개념으로 된 첫 번째 교회(1209~1363)는 빠리에서 공부한 마그데부르그의 알브레흐트Albrecht 대주교 덕분에 건축된 것이다. 이어서 프랑스 모델에 대한 요구는 유선형으로 된 독특한 아케이드 모양의 장식된 입면을 가진 스트라스부르그의 노트르담 성당(1230~1365)과 브리스가우Brisgau에 있는 후라이부르그Fribourg 대성당(1200년경)에서 읽을 수 있다. 쾰른 대성당(1248~1350, 19세기)의 경우는 아미엥Amiens의 양식을 빌렸으나 성가대는 보베Beauvais의 내용을 연상시킨다. 프랑스인 마티유다라Matthieu d'Arras에 의해 1344년에 시작되고 피터팔러Peter Parler에 의해 완성된, 프라하에 있는 쌩기Saint-Guy 대성당은 특히 지지체와 궁륭 지붕 그리고 측랑 상부에 있는 통로의 처리에서 중앙유럽의 거장에 의한 프랑스 고딕의 적응방식의 예를 보여준다.

↑ **그림 5-53** 쾰른 대성당(1248~1350)
↓ **그림 5-54** 쾰른 대성당 평면

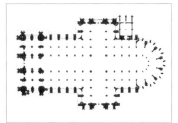

하지만 특히 웨스트팔리Westphalie에서 빛에 의해 촉진된 내부공간의 통일이란 고딕건축 방침을 가진 독일건축 전통에 의한 결합을 크게 실현한 것은 할렌키르슈Hallenkirche(중앙 회랑이 똑같은 높이를 가진 교회-시장 겸용)이다. 그리고 민덴Minden 대성당(1267)은 여전히 로마적 정신인 크게 대조적이며 간결한 외부볼륨을 보여준다. 특히 슈바비슈 그문트Schwabisch Gmund(1351)에서는 거의 장식이 없는 이런 유형의 교회가 실현되었고 란트슈트Landshut의 성마틴Saint-Martin 성당(1389~1459)에서는 축을 이루는 내부공간의 팔각기둥들의 비약 덕분에 높은 순수성의 표현에 이르고 있다. 반면에 비엔나의 쌩

← **그림 5-55** 쌩떼띠엔느 대성당 내부
  회랑
→ **그림 5-56** 쌩떼띠엔느 대성당
  (1304~1454)

떼띠엔느Saint-Etienne 대성당(1304~1454)은 132미터 높이의 측면 탑을 제외하고는 매우 간결한 외부볼륨 위에 화려한 조각을 보여주고 있다.

　네덜란드에서는 프랑스의 영향이 쌩정 드브와 르 뒤크Saint-Jean de Bois-le-Duc 대성당(1419~1538)의 불꽃모양의 장식으로 스며들고 있다.

10. 이베리아 고딕

스페인의 첫 번째 고딕 대성당은 프랑스에 비해서 반세기가 지나서야 세워졌다. 각 성당마다 몇가지 프랑스 양식을 지니고 있어서 똘레도Toledo 대성당(1225)은 부뤼즈의 평면과 후진 주위의 회랑을 닮았고 가장 유명한 부르고스Burgos 대성당(1220~1260)에서 우리는 꾸땅스Coutances 대성당의 평면, 중앙 회랑 부분은 부뤼즈 대성당의 입면을, 그리고 입면의 두 개의 탑은 랭스 대성당을 연상할 수 있으며, 레옹Leon 대성당(1255)도 랭스 성당으로부터 평면, 성가대, 네 부분으로 나뉜 지붕, 그리고 수직성향 등의 영향을 받았다. 그러나 각 성당마다 영향 받은 내용들이 그 지역의 모델과 실속에 따라 변화되는데, 예를 들어 부르고스Burgos 대성당은 측랑상부에 있는 통로와 빛으로 가득 찬 커다란 팔각 돔들이 모두 무데하르Mudejar 예술방식으로 장식되었다.

14세기에 카탈로니아Catalonia의 뛰어난 구조가들은 탁발托鉢 수도회에 의해 계획된 단일회랑을 교회유형으로 적용(산타마리아델피Santa Maria del Pi 교회, 바르셀로나 14~15세기)하였으며, 매우 높은 아케이드

← **그림 5-57** 톨레도 대성당(1225)
→ **그림 5-58** 부르고스 대성당 (1220~1260)

그림 5-59 바르셀로나 대성당
(1329~1384)

들로 되어 플라잉버트레스가 필요 없고 중앙 회랑의 자연채광을 용이하게 해주는 바르셀로나 대성당(1329~1384)과 같은 기념물을 세웠는데 이 성당은 선주船主들과 상인들이 요망하여 건축하였다.

역사적인 이유로 포르투갈의 고딕은 14세기에 특히 바탈하Batalha 수도원(1397)의 안뜰을 둘러싼 회랑의 마뉴엘린manuelin 양식을 특징지어주는, 부분적으로 이슬람에서 비롯된 시토Citeaux 수도회 혹은 베네딕트 수도회의 구조체에 대한 장식적 풍요를 발전시킨다.

11. 이탈리아 고딕

전 유럽에 걸쳐서 채택되고 적응된 "프랑스식opus francigenum"고딕은 많은 이형異形의 국제적 양식을 낳았다. 이러한 커다란 영향은 중세 사회의 교리와 종교의 중심역할에 의해서 또 지배자와 그들과의 관계에 의해서, 심지어 시토Citeaux수도회 교단의 확장과 그 모델의 확장에 의해서, 그리고 결국 신성하고 세속적이며 상징적이고 합리적인 사회관계속에서 고딕미학과 기술, 신학의 공헌에 의하여 설명된다.

이탈리아만이 유일하게 고딕건축언어를 적게 받아들인 곳이다. 실제로 시토Citeaux수도회의 사례(포싸노바Fossanova, 1187~1208)가 이탈리아건축가들에게 첨두 궁륭 위에 둥근 천장을 설치하도록 자극하더라도 그렇게 얻어진 내부공간은 고대기독교식 바질리카를 연상시키는 비례와 조도를 유지하고 있다. 단일중앙회랑(쌩프랑수와 다씨즈Saint-Francois d'Assise 공회당, 1228~1258)으로 되었거나, 세 개의 내부 공간(시에나 대성당, 1259, 피렌체의 쌩뜨마리누벨르, 1279)으로

← **그림 5-60** 쌩프랑수와 다씨즈 공회당
(1228~1258)
→ **그림 5-61** 시에나 성당 내부

된 이러한 건물들은 흔히 눈 모양으로 된 개구부들이 건물포장을 결정짓지는 않는다. 그 결과 벽화와 조각들이 장식이나 초상화 프로그램의 주를 이루고 유리는 부속적인 요소일 뿐이다. 프레스코벽화의 커다란 순환과정은 이미 이탈리아 고딕의 특징인데 그 예로 쌩프랑수와 다씨즈Saint-Francois d'Assise 성당(1300)의 씨마뷔Cimabue와 이삭 Issac 거장의 구성 등이 있다. 게다가 시에나Sienna 대성당의 둥근 천장의 널판, 측랑상부에 있는 통로를 대체하는 처마까치 박공의 돌출된 띠 등은 고대장식의 지속성을 증명하고 있다.

프랑스식으로 조화된 입면으로부터 많은 영향을 받은(시에나 대성당) 입면들은 시에나에 있는 삐자노G. Pisano의 입면처럼 힘이 넘쳐나는 장식과 조각형태의 틀로 싸여 활기찬 색조의 모자이크(마이띠니Maitini에 의한 오르비에또Orvieto, 1310)를 선보인다. 또한 도시의 지붕을 드러나게 하는 전체의 실루엣은 토대에 흔히 밝고 어두운 대리석을 번갈아 씌운 종탑과 중앙 회랑의 직교하는 대치 효과를 보여준다.

종교건축 프로그램을 다루면서 재건된 건축인들의 지식은 군사용 건축(성채와 도시의 성곽)의 점진적인 개발과 도시건축의 다양화에도 적용된다.

12. 군사용 건축

군사용 시설들은 유럽 땅에서 봉건권력만큼 흔적을 남겼다. 11세기 까지 이러한 시설은 구덩이로 둘러싸이고 둔덕이나 성토층 위에 나무울타리가 영주와 그 주위사람들이 있는 목재 탑을 방호하는 간략한 것이었다.

그 다음 단계에서는 성에 큰 탑donjon을 지었는데 처음에는 직육면체이다가 나중에 원통형으로 되었다. 그 이유는 내부에서 통제하기가 수월했기 때문이다. 이것들은 거의 창이 없으면서 두께가 수 미터에 이르는 석조벽체로 둔덕 위에 지어졌다. 그 안에 사다리로 서로 연결된 두 세 개 층의 바닥에서 사람들이 거주했으며 나중에는 계단들이 벽체 안에 설치되었다(드롬Drome 안의 알봉Albon; 앵드르Indre 지방의 로슈Loches; 런던탑 안의 백색 탑White Tower).

이 큰 탑Donjon들은 12세기와 13세기의 성채들의 근원이 된다. 실제적으로 군사장비와 전쟁의 발달은 성벽(프로뱅스Provins의 후덩 Houdan)을 방호하기 위해서 고대엔지니어들이 알고 있던 측면 보루

그림 5-64 런던탑 안의 백색탑

방어를 재발견하게 했다. 그로부터 큰 탑은 서로 보완해가면서 집중방어체계의 중심역할을 하였는데, 예를 들면 센 강을 굽어보는 산봉우리 위에 리샤르꾀르드리옹Richard Coeur de Lion이 지은 가이아르Gaillard 성(1196)이 있다.

노르망디 지방을 정복하는 동안 필립 오귀스트Philippe Auguste 왕(1165~1223)은 초소 앞에 위치한 요새bastilles라고 명명된 탑을 곁들이면서 성곽을 감시하고 강화하도록 왕정하의 도시들을 부추겼다. 이러한 국가적인 전략은 전문엔지니어 집단에 의해 실행된 구조물의 거의 완전한 표준화 덕분에 한결같이 이루어졌다. 이 탑들은 1200년에 필립 오귀스트에 의해 빠리 서쪽의 전진방어를 위해서 세워진 루브르Louvre 궁을 측면 방어하는 네 개의 탑의 형태를 상징적으로 채택했다.

완전히 다른 개념으로 된 것이 직교평면(건물 몸체, 측면 방어용 탑과 중정) 위에 천체학 자료와 연관하여 호헨스타우펜Hohenstaufen의 황제 프레데릭 2세를 위해 지은 것으로 추측되는 카스텔델몬떼Castel Del Monte(남부 이탈리아, 1240)이다. 매우 간결한 외부와 첨두홍예 궁륭으로 된 구조는 한편으로는 시토Citeaux 수도회식 고딕을 유지하면서 십자군의 성Krak des Chevaliers(시리아, 12~13세기)처럼 십자군에 의해서 동방에 지어진 요새를 유지하고 있는데, 내부에서 몇몇 장식적 섬세함이 여전히 보인다. 이 저택은 황제를 위한 화려한 정원으로 사용되고 있다. 호사스러움을 받아들일 수 있는 요새라는 측면에서 카스텔 델몬떼는 뒤를 이어 아비뇽Avignon의 교황청Palais des papes(1334~1352), 샤를르 5세에 의해 1370년에 완성된 벵쎈느Vincennes 성, 혹은 칼스타인Karlstein 성(프라하 근교, 1348~1365)의 건축을 예고하고 있었다. 그 다음 세기에는 군사용 방어의 필요성이

↑ **그림 5-65** 아비뇽 교황청
　(1334~1352)
↓ **그림 5-66** 벵쎈느 성(1370)

없어졌지만 기사도에 대한 향수와 장식적인 목적으로 계속 이용되

었다(허스트몬스Hurstmonceux 성, 영국, 1440).

　군사용 구조물로서 12세기부터 만든 무수히 많은 다리가 기초와

그림 5-67 베끼오 다리(피렌체, 1333)

아치 개방구조 등으로 이루어진 구축물을 짓는 고대전통에서 비롯된 기술자들의 지식을 증거하고 있는데, 특히 에르보Airvault 다리(드 세브르Deux-Sevres, 12세기), 쌩떼스프리Saint-Esprit 다리(론느Rhone, 1265~1295), 베끼오Vecchio 다리(피렌체, 1333) 등 몇몇 구축물은 여전히 사용되고 있다.

제6장

이탈리아 · 유럽의 르네상스

1. 이탈리아의 르네상스

2. 유럽 르네상스

1. 이탈리아의 르네상스(15~16세기)

'르네상스'라는 용어는 유럽 고딕건축의 가장자리에서 점차 고대 로마의 유적을 활기차게 만든 15세기 이탈리아의 역사적, 문화적 상황 속에서 이해될 수 있다. 바자리G. Vasari가 16세기에 몽매주의 Obscurantisme와 동의어인 마니에라 떼데스카Maniera Tedesca(게르만 양식, 즉 고딕)에 반대되는 '고대방식의 현대적 좋은 양식Antica et buona maniera moderna'이라고 찬양한 리나치따Rinascita(Renaissance)를 르네상스 선도자들이 그들 방식의 정신을 규정하기 위해서 언급하였다.

(1) 인본주의자

이 고대로의 회귀작업을 한 직공들은 지적, 도덕적, 종교적, 물리적, 미학적 계획을 실현하도록 허용하고 인류학 모델을 완성하는 데 필요한 희랍어와 라틴어 문장을 언급하고 번안하는 지식인들 (1850년대부터는 인본주의자로 명명됨)이었다. 그 결과로 교육적인 프로그램이 엘리트 시민을 양성하기 위해 15세기부터 이탈리아 만토바Mantova에서 다휄트르v. Da Feltre의 까사지오코자Casa Giocosa 같은 새로운 학교에 적용되었다.

그렇지만 기독교 통합운동, 게다가 세계주의, 인간사랑, 권력의 조화와 균형의 이상적 인본주의자는 기하학자와 예술가의 투시도나 대수학의 공헌에 대한 연구를 하던 당대의 과학적 문화의 진보에 비하여 자리를 차지하지 못했다.

15세기에 피렌체에서 구상되고 지어진 건축은 인본주의 정신에 의해 인도된다. 그러나 이 건축은 일차적인 필요성에 의해서 투시도와 비례에 대한 작업에서 유래하는 공간의 구성과 표현과정과 함께 고대의 이론적인 또 실제로 지어진 건축모델에 대한 지식을 활용한다. 브루넬레스키F. Brunelleschi(1377~1446)는 이러한 합리주의 건축의 최고 거장이었다.

(2) 완성된 작품: 피렌체 대성당의 돔

15세기 초 피렌체의 백성들은 평화를 누리고 있었다. 생산과 상업이 활성화되고 도시국가의 문화적 위신을 북돋우기 위해서 권력의 과두정치는 피렌체를 '신 로마'로 만들 수 있도록 과학자와 예술가를 동원하였다. 백여 년 전부터 피렌체 대성당 신축공사가 진행되고 있었지만 속도를 내지 못하고 있었다. 그 이유는 고딕 건축가들과 1367년에 시민들과 길드들의 협의 끝에 우위를 점하게 된 비고딕 건축가들 사이의 공개적인 내기경쟁 때문이었다. 세 개의 내부 공간으로 된 중앙 회랑은 폭 42미터의 팔각 성가대와 연결되는데, 지붕 돔의 건축은 1418년에 제출한 가로세로 5미터의 모형 후에 1420년에 결국 받아들여진 브루넬레스키의 제안까지는 하나의 도전으로 남아있었다.

← **그림 6-1** 피렌체 대성당 전경
→ **그림 6-2** 피렌체 대성당 내부

1434년에 완성될 때까지 공사 동안 그의 창조적인 재능은 도시를 숨 돌릴 여유조차 주지 않았다. 이 돔은 두 개의 겹쳐진 구형으로 되어 있고 그 사이는 꼭대기 정점까지 접근하기 위한 통로로 약 1미터 간격으로 비어 있다. 구조는 '물고기 뼈대' 모양의 벽돌조로 되어 있으며, 석재, 목재, 혹은 금속재가 연결되어 서로 다른 층에서 건물 전체를 둘러싸고 있다.

　　브루넬레스키의 전례 없는 독창성은 우선 구조에서 찾아볼 수 있다. 돔은 비계 위에 홍예틀을 설치하지 않은 채 거대한 돔을 지었는데 이것은 고대 로마건물들의 건축적 체계의 분석에 의하여 받아들인 엔지니어 기술 덕분이었다. 또 그의 독창성은 양식적인 면에서도 드러났다. 그때까지는 돔의 형태를 아드리안 황제의 묘소(2세기)를 흉내 낸 반구半球형이었으나 피렌체의 돔은 외부 리브의 인장선을 강조하는 짜인 아치의 프로필을 가지고 있다. 브루넬레스키에 의하면 '화려하고 경쾌한 형태'를 가져서 이 기념비적인 방침은 순수하면서 동시에 감동적인 아름다움을 명백하게 전파하고 있다. 게다가 브루넬레스키는 이러한 공사현장에 필요한 하중의 배치와 기중기를 완성하였고 몇 세대에 걸쳐 건축가와 엔지니어들이 여기에서 영향을 받았다. 또 그의 업적은 서로 다른 분야 간의 직무배치를 격리하면서 거의 과학적인 자신의 능력을 믿고 공사현장 전체의 책임을 개인적으로 책임져야 할 우려가 있는 건축가를 위하여 직업 간의 전통적인 연대를 파기하였다. 그리하여 장인들은 시공자가 되고 반면에 건축가는 예술가, 지식인 자격으로 접근하게 되었다. 피할 수 없는 갈등에도 불구하고 이러한 진화는 자리를 잡아갔다. 게다가 이 변화는 자유예술에 속함을 주장하는 화가와 조각가의 작업을 다시 떼어놓았다.

(3) 브루넬레스키의 공간

← **그림 6-3** 어린이병원(1419~1427)
→ **그림 6-4** 어린이병원 부조

전혀 다른 건축적 조건이긴 하지만 대성당에서처럼 브루넬레스키는 피렌체에 있는 어린이 병원(1419~1427)의 문에서도 건축적, 도시적 외형을 새롭게 만들었다. 창문이 조금 나있는 위층을 지탱하는 매우 선線적으로되어 있는 엔테블레쳐Entablature를 장식으로 꾸민 우아한 코린트식 기둥 위에 크게 열려있는 아홉 개의 아케이드가 놓여있다. 구조적인 요소들은 중세 이탈리아 혹은 로마네스크 양식임에도 그 완성품은 투시도와 빛의 유희가 형태를 빗물질화 하지만 수평성이 군림하는 쌩로렁Saint-Laurent 공회당(1425년부터)과 쌩떼스프리 Saint-Esprit(1444) 공회당의 중앙 회랑 속에서 더욱 강한 인상을 주는 투명하고 유동적인 공간을 만들고 있다. 엄격하게 기하학적이고 모듈을 사용한 이러한 건축은 쌩로렁 Saint-Laurent의 메디치가의 장례용 교회당인 비에이으 싸크리스티La Vieille Sacristie 교회당(1422~1428)과 빠치Pazzi 교회당(1429~1461)의 중앙 집중형 평면을 가진 두 건물에서 뛰어난 조화를 이루고 있다. 밝은 초벽 위에 '짙은 색 석재Pietra serena'로 실현된 처마 언저리의 쇠시리 장식의 윤곽들은 고대건축에서 참조했음을 증명해주고 있고 비례솜씨와 투시도 법칙에 의해 지배되는 두 개의 기하학적 구성을 규정해준다. 브루넬레스키가 1410년에서 1415년에 이르는 기간에 실험적으로 법칙을 세우기 시작한 투시도법은 건물의 엄격한 재현과 공사현장까지 프로젝트 개념을 통제할 수 있게 해준다. 이러한 건축적, 도시 계획적 방식의 합리화(회화창조 작업처럼)는 건축가들을 전문적 형태와 실행을 동시에 접촉하는 현대성 속으로 관여시킨다.

(4) 알베르티의 건축이론

알베르티L.B. Alberti(1404~1472)의 전문적 관여와 그의 작품에 의하면 그는 전적으로 인본주의자다. 그는 공사현장 지휘를 희생시키고 특히 그의 저서 《De re aedificatoria》(1447~1452)의 출판과 함께 건축이론을 세우고 단순히 프로젝트 개념만 맡으면서 건축가의 지적인 역할에 가치를 부여한다. 이 '완성된 저서'의 원천은 기원전 1세기 로마 건축가인 비트루비우스의 건축의 《십서De Architectura Libri Decem(十書)》인데 고대건축에서 유일하게 알려진 논설로 알베르티부터 적어도 3세기 동안 유럽에서 건축적 이론의 원형이 되었다.

　알베르티의 논설은 ① 재료를 인식하고서 그 재료를 사용하고, ② 사회의 요구에 응답하면서 프로그램을 만족시키고, ③ 뛰어난 종극 목적으로 조화에서 생기는 아름다움을 내포하는 건축 및 도시 계획 시스템을 선보이고 있다. 게다가 고대건축 유적에 대한 깊은 지식은 프로젝트의 이러한 세 단계 소화내용을 정당화한다. 결국 수학과 연결된 투시도와 비례의 완성은 그 과학적 면모를 이러한 건

그림 6-5 싼타마리아 노벨라 교회, 알베르티(1404~1472)

그림 6-6 아베리노의 스케치

축방식에 비교 참조한다.

1442년까지 알베르티는 특히 부분적으로 투시도에 대하여 할애된 회화에 대한 논설인 《그림De Pictura》(브루넬레스키에게 바쳐진)을 출판하면서 백과사전적인 지식을 얻게 해주었다. 그는 자기 인생에서 30여년을 건축에 헌신했음에도 불구하고 지은 건물은 적었다.

용병대 대장인 말라떼스따S. Malatesta를 위해서 그는 교회당이면서 영묘인 신전Rimini(1450~1458)을 구상한다. 시초의 교회당 중앙 회랑은 고전적인 몸체 속에 둘러싸여있는데, 측면 입면은 로마 시대 수로에서 영향 받은 아케이드가 있고, 후진後陣에는 아드리안 능묘를 연상시키는 구형 천장(미완성)이 있는 로톤다Rotonda가 있고, 미완성인 입면은 리미니Rimini에 있는 아우구스투스 개선문의 변형이다.

만토바Mantova에 있는 1472년에 시작된 쌩앙드레Saint-Andre 교회당에서 알베르티는 간접채광을 교묘하게 받아들이는 움푹 파인 기둥과 두 개의 두꺼운 간막이 벽으로 지탱된 반원형 천장의 널판으로 덮인 단 하나의 중앙 회랑 덕분에 공간의 통일을 재창조한다. 반면에 내부의 구조와 공간은 막썽스Maxence(로마, 4세기) 공회당을 연상시키고 입면은 앙콘느Ancone에 있는 트라얀Trajan 개선문(2세기)의 방법에서 결론을 끌어낸다.

(5) 도시: 이론과 실제

피렌체의 건축 2세대들 중에서 우리는 알베르티 다음으로 필라레떼Filarete라고 불리던 아베리노A. Averino(1456~1464)를 꼽을 수 있다. 그는 밀라노의 마제르 병원Hopital Majeur(1456~1464, 알베르티식 합리주의와 여전히 고딕의 형태를 활용하고 있는 곳)과 그의 후원자 스포르짜

F. Sforza에게 바친《Trattato di Architettura》(1460~1465) 작업을 동시에 수행했다. 그는 이 안에서 이상도시 '스포르진다Sforzinda'를 기술했는데 그 평면은 알베르티식 처방에 따라 별모양의 능보稜堡가 원으로 둘러싸여있고 그 중심에 장방형 광장이 공공건물로 둘러싸여있다.

이 논설은 주어진 사회 맥락 속에서 건축과 도시계획의 관계를 강조했음에도 불구하고 De re Aedificatoria의 이론적 엄격함을 갖추지 못했고 우르빈Urbin 왕궁의 건축가이며 축성 전문엔지니어로 이름난 디 조르지오 마르띠니F. Di Giorgio Martini(1439~1502)의 민간 및 군사건축의 논설《Trattato d'Architettura civile e militare》(1481~1492)의 고고학적 세심함도 갖추지 못했다.

어찌됐건 그는 현대적 방식의 건축이 기하학과 투시도로 조정된 도시경관에 둘러싸여 이해된 글이나 그림으로 표현한 이론적 생산물을 드러내고 있는데, 이것들은 로라나L. Laurana 혹은 디조르지오 마르띠니F. Di Giorgio Martini에게 부여한《이상도시 경관Vue d'une ville ideale》(15세기 말)과 같은 그림을 포함하고 있다. 중세도시와 이율배반적인 이 현대적 공간은 인본주의에 의해서 권해진 단층의 치수를 제공하지만 그 적용은 어려웠다. 예외적으로 인본주의자 교황 삐 2세Pie II가 원했던 삐엔자Pienza도 있다. 알베르티의 계명에 의거하여 로쎌리노B. Rosselino(1409~1464)는 1459년부터 기존 도심의 주 도로 위에 대성당의 입면, 공공 궁전, 또 측면으로 배치된 두 개의 피렌체 양식 궁전으로 엮어진 사다리꼴 모양 광장을 둘러싸는 도시 중앙부를 구성한다. 특정요소들이 응답하면서 좌우대칭 방침을 고수하고 있는 이 건물들은 그럼에도 불구하고 각자의 개성을 유지하고 있다. 결국 이 광장은 광장이 군림하는 농촌에 대하여 틈을 제공해준다.

이론적 모델의 시험장인 삐엔자Pienza는 모범석인 가치는 거의 깉지 못했다. 전혀 다른 예는 로라나L. Laurana와 디조르지오마르띠니F. Di Giorgio Martini가 구상한 중정과 벽돌건물의 거대한 복합체인 우르빈 Urbin의 몬떼펠트르Montefeltre 공작 궁전이다. 중세도시와 대지 그리고 지형과 유기적으로 연접된 지적 경험주의의 산물인 이 기념물은 무게중심의 중앙에 있는 자신이 도시환경의 체계적 질서를 부여하기를 거부한다.

(6) 피렌체의 도시궁전

15세기의 도시는 새로운 건축형태의 출현으로 현대적인 면모를 천천히 간헐적으로 취하게 된다. 피렌체의 궁전은 이러한 변천의 주요소가 된다. 그 본보기는 메디치Medicis(1444~1459) 가문을 위하여 미켈로쪼Michelozzo(1396~1472)에 의하여 지어졌다. 이것은 두 개의 기본적인 구성을 한 정육면체 모양의 블록이다. 먼저 세 개의 아치

← 그림 6-7 메디치-리카르디 궁전 전경(1396~1472)
→ 그림 6-8 메디치-리카르디 궁전 전경

그림 6-9 삐티 궁전(1458)

로 된 네 개의 문으로 둘러싸인 정사각형의 중정Cortile 위로 주거가
향해 있다. 이어서 요철 처리된 도로 쪽 입면은 바닥에서 위로 갈수
록 이중 창문아치 위의 요철처리가 점차 완만해지고 있다. 도시 쪽
으로는 무거운 처마 까치박공 코니스로 장식되어 전체적으로 강하
고 호기로운 정면성 이미지를 주며, 중정 쪽으로는 형태와 장식의
우아함, 조도와 리듬의 다양성이 이중 참으로 된 계단으로 접근가
능한 주거의 화려함을 수호하는 분위기를 만들고 있다.

　브루넬레스키에 의해 고안되었으나 그의 사후에 완성된 삐티Pitti
궁전이나 다 마이아노B. Da Maiano의 스트로찌Strozzi 궁전(1489~1504)
은 메디치 궁전의 방침을 확인해주는 반면 알베르티Alberti의 루첼라
이Rucelai 궁전(1446~1451)은 전통적인 입면 위로 세 가지 기둥양식
이 중첩된 돌출기둥을 적용하여 구별해주고 있다. 알베르티에 의해
콜로세움의 토스칸(혹은 도릭), 이오니안, 코린티안의 세 가지 기둥
을 모사한 이러한 기념비적인 효과는 고전주의의 상투적 수법 중 하
나를 시작한다. 이러한 지적 문화의 흔적은 피렌체의 상인 귀족계

← **그림 6-10** 루첼라이 궁전
(1446~1451)
→ **그림 6-11** 스트로찌 궁전
(1489~1504)

급에 잘 받아들여졌는데, 왜냐하면 이것이 도시의 지식과 권위의
징표를 표시해주기 때문이다. 여기에서 궁전은 두 개의 사회적 기
능을 갖는데, 하나는 정치, 경제적 권력을, 또 하나는 엘리트의 현
대적 문화를 표시해주는 것이다. 이로부터 각종 형태로 비전을 전
수받은 범위에 쓰도록 된 건축언어로 예술을 설립하는 귀족주거의
떼놓을 수 없는 속성은 중세건축과의 거리를 보여주고 있다.

이러한 궁궐모델은 다른 지역에서는 몇 가지 다른 형태와 함께
받아들여진다. 페라르Ferrare에서는 다이아몬드의 뾰족한 형태처럼
대리석을 의도적으로 돋새김을 하였는데, 로쎄띠B. Rossetti의 다이아
몬드 궁(1492)의 입면은 모든 중세의 잔재를 부정한다. 밀라노의 적
용방식은 착색 후 구은 기와로 된 장식의 독창성을 끄집어내고 있
다. 하지만 베니스는 알베르티식 주제로 표식된 꼬두씨M. Codussi의
작업(꼬르네르-스피넬리Corner-Spinelli와 벤드라민-깔레르지Vendramin-
Calergi 궁전, 1482년경)에도 불구하고 비대칭 입면의 중정 없는 궁전
의 전통을 지속한다.

(7) 로마에서의 르네상스: 고전주의를 향하여

15세기에 로마는 아비뇽의 에피소드 이후 바티칸에 교황권을 다시 확립한 후 건축작업에 몰입한다. 그리하여 교황 니꼴라스 5세의 자문인 알베르티는 다양한 건축과 시설계획을 제공한다. 주교들은 그 다음에는 교회의 아버지로서의 역할과 더불어 국가수반으로서의 잠정적 권력을 인수한다. 그리고 그들은 인본주의자로서 수도인 로마의 명성을 위하여 기독교 문화로 고대문화(이교도)를 용해하는 데 목표를 삼는다. 그래서 교황 쥘르 2세(1503~1513)를 위해서 로마의 정신적 영향과 정치적·군사적 힘까지 로마제국의 품위 있는 도시라는 범주에서 반영하여야만 했다. 이 야심찬 계획의 수반은 1500년부터 로마에서 쌩뜨 마리 들라빼Sainte-Marie-de-la-Paix 교회당 작업을 한 도나또 브라만테Donato Bramante(1444~1514)이다. 이 건물의 입면은 지상 층에서 엔테블러처 아래에 기대어 있는 이오니아식 기둥과 함께 도리아식 기둥 위의 아케이드를 포함하며, 위층에는 처마까치박공 돌림띠로 장식된 엔테블러처를 지탱하는 기둥들과 기대고 있는 돌출기둥들로 이루어진 코린트 양식의 간헐적인 기둥들을 포함한다. 형태의 순수함과 쇠시리 장식 윤곽의 신중함, 비례의 미묘함과 리듬의 조화는 최고 작품을 예고하고 있었다.

성 베드로가 로마에서 죽은 장소로 추측되는 곳에 세워진 몬또리오Montorio의 싼삐에트로 신전Tempietto di San Pietro(1505~1506)은 같은 맥락이다. 회랑 위에 돔을 올린 순환형 도릭신전Tholus 속에서 기운찬 그림자로 강조된 조형성과 비례의 선택은 규모의 초라함을 상쇄시킨다.

이 두 개의 작품에서 축척에 상관없이 고대건축 형태의 사용은

그림 6-12 싼삐에트로 신전의 뗌삐에또 (1505~1506), 브라만테

숭고한 건축적·조형적 가치를 지닌 고귀하고 엄격한 새로운 양식을 형성하는데, 이것은 향후 3세기 동안 고전적 언어의 원형을 정착시키는 양식이 되었다.

쥴르 2세가 1505년에 시작한 벨베데르Belvedere 중정은 울퉁불퉁한 대지의 처리에서 브라만테의 완성 작업을 보여준다. 바티칸 궁을 동쪽으로 300미터 지점에 위치한 벨베데르 빌라에 연결하기 위하여 건축가는 계단과 테라스 정원의 기념비적인 조화 덕분에 빌라까지 백여 미터 넘게 지표를 높인 거대한 뜰을 반원형 계단으로부터 정돈하였다. 측면으로는 세 개 층으로 중첩된 갤러리들이 울타리를 형성하면서 연결해주고 있다.

축제 기분이 드는 거대한 무대장식을 위한 이러한 극적인 정돈은 경마장, 티볼리Tivoli의 아드리안Hadrien 빌라, 프레네스떼Preneste 신전 등의 특정 로마건축물들을 해설해주고 있다. 고대 로마의 유형적, 상징적 인용을 배합하면서 멋진 프로그램과 도시 차원에서 어려운 대지를 혁신하는 벨베데르 중정은 로마에 있는 스페인 광장(17~18세기)처럼 특정한 도시적 무대장식을 예고하고 있었다. 역사주의는 이제 완벽하게 실행할 수 있는 건축 창조방법이 된 것이다.

(8) 성 베드로 성당

콘스탄틴에 의해 4세기에 세워지고 로쎌리노Rosselino에 의해 1452년에 부분적으로 개축된 성 바오로 공회당의 문제는 쥴르 2세가 고안한 미화프로그램의 핵심에 논리적으로 존재한다. 쥴르 2세는 이 공회당을 1505년에 부수게 했다. 기독교국의 가장 상징적인 새로운 공회당은 가장 커야 하고 현대적인 방법으로 가장 완전한 것이어야

그림 6-13 스페인 광장(17~18세기)

그림 6-14 브라만테의 중앙집중형 스케치

했다. 그리하여 브라만테는 정사각형 안에 엄격하게 대칭인 집중 평면을 그렸는데, 네 개의 문과 네 개의 중앙 회랑이 그리스식 십자 평면을 구성하고 중앙 돔 아래의 교차부에는 사도의 무덤과 제단이 있고 각진 부분에는 조그만 교회당들을 두었다.

브라만테 자신의 표현에 의하면 판테온에서 영향을 받은 방대한 돔은 로마의 경관 속에서 공회당의 실루엣을 강요해야만 했다. 레오나르도 다빈치가 브라만테를 알게 된 밀라노에 머물면서 (1482~1499) 작업한 신전Tempietto, 비잔틴식 공회당들, 그리고 중앙 집중형 평면의 많은 연구들은 로마와 기독교국의 상징적 중심인 이 기념물의 개념 속으로 유입되었다.

브라만테가 1514년에 죽은 후 성 베드로 성당의 공사현장은 샤를르 5세의 군대에 의한 극적인 약탈(1527)과, 특히 건축가들이 교체될 때마다 조금씩 방침이 달라져 변형된 결과로 거의 백 년 동안 변환을 거치게 되었다. 과연 1514년부터 1520년까지 라파엘로Raphaelo

나 1536년부터 1546년까지 다상갈로A.C. Da Sangallo 같은 사람들이 계속 공사를 진행하였지만 평면은 라틴식 십자형이었다. 다른 사람들이 중앙 집중형 평면으로 돌아오는데 이것이 미켈란젤로Michel-Angelo(1547~1564)의 경우이어서 유동성을 확보하게 되는 내부공간의 유기적 배치를 넓히면서 확장에 따라 평면을 혁신하게 되고, 이 중기둥 열로 된 문과 다단계로 더욱 기념비적인 동쪽을 향한 하나의 입구를 유지하였다.

1593년에 델라뽀르따G. Della Porta가 완성한 거대한 돔은 내부뿐 아니라 외부에도 중심 효과를 집중하였다. 모델이 된 백 년이 더 경과한 브루넬레스키의 돔은 베드로 성당의 후진도 명확하게 표현한 미켈란젤로의 양식에 의해 완전히 변질되었다. 이 양식은 고전적 언어의 요소와 새로운 관계를 갖는데, 육중한 기둥, 돌출기둥, 엔테블레쳐, 프리즈 등은 육중한 질서를 동봉하면서 강한 축척의 대조를 가지고 처리되었다. 빛과 그림자의 깊은 악센트가 표시된 채 끌어들인 리듬은 조각가의 조형술, 기념비적이고 감각적인 조형물을 드러냈다.

사실상 미켈란젤로에게는 "건축의 구성요소들은 인간의 구성요

그림 6-15 성 베드로 성당 입면

그림 6-16 성 베드로 성당 내부 전경

그림 6-17 성 베드로 성당 지붕과 광장 전경

소들의 법칙과 같은 법칙에 따른다. 훌륭한 조각의 거장, 특히 해부학자가 아니었거나 아닌 사람은 그 내용을 알 수가 없다"는 것이다. 실제로 미켈란젤로의 다양한 분야에 걸친 예술적 작업(조각가, 화가, 건축가)은 르네상스 기간 동안은 예사로운 것이어서 브루넬레스키, 브라만테, 로마노G. Romano는 화가이자 건축가이고, 건축가로 알려진 미켈로쪼, 필라레떼Filarete, 디조르지오 마르띠니Di Giorgio Martini, 암마나띠Ammannati는 조각가이기도 했다. 창조자의 정신과 그들의 문예학술 옹호의 개방, 투시도 체계와 고대건축 모델에 의해 지배되는 규율이 통하는 조형언어의 논리적 일관성, 그리고 거장의 아뜰리에와 공사현장 안에서 장막을 치지 않은 학습방식은 이러한 여러 가지 기능의 실습을 설명할 수 있었다.

그림 6-18 성 베드로 성당 돔

공회당에 대한 미켈란젤로의 흔적은 1602년에 현상 선축가가 되어 교황 뽈5세의 요구에 따라 의식을 수월하게 해주기 위해 입구 쪽을 향한 기둥과 기둥 사이 간격을 두 군데 더 추가한 마데르노C. Maderno(1556~1629)의 흔적과 함께 가장 결정적인 것 이었다. 1606년과 1619년 사이에 성 베드로 광장을 향한 입면의 건물 몸체와 함께 현장을 마감했다. 약 115미터의 넓이로 육중한 질서로 꾸며진 원기 있는 다락방 층이 올려졌고, 지붕 꼭대기에 인체상 장식이 된 입면은 돔의 원통을 가리는 스크린이었다. 이러한 기념비적이며 장식적인 표현법은 미켈란젤로의 조형적 힘과는 완전히 다른 것이었다.

(9) 매너리즘

브라만테 주위를 선회하던, 특히 성 베드로 성당의 공사현장에 투입된 실질적인 건축사무소에 둘러싸인 건축가 그룹은 현장수반으로서 브라만테의 제자이자 후계자인 라파엘Raphael이 죽은 1520년부터 이탈리아에서 뿔뿔이 흩어졌다. 1527년의 로마의 약탈은 이러한 분산을 재촉했다.

이 두 거장의 양식을 옹호하게 된 젊은 건축가들은 고대 유적에 대한 그들의 직접적인 연구를 희생시켜 그들의 배타적인 모델을 만들었다. 그들이 거장들의 양식에 전념하기 때문에 비방적 의미가 전혀 없이 양식주의자Manieriste라고 불린다. 이러한 태도는 라파엘의 제자이었던 로마노(1492~1526)에 의한 만토바 근교의 떼Te 궁전(1526~1534)과 같은 독창적인 작품의 출현을 배제하지는 않았다. 거의 정사각형 모양인 중정 둘레에 세워진 건물은 반원형으로 투박한 아케이드로 닫힌 정원 곁에 있다. 도리아식 기둥들이 전체 입면에 걸쳐 자리를 잡고 있다. 외부에는 돌출기둥들이 거칠게 두드려져 나와 맞물려 쌓은 벽에 또박또박 박자를 맞추어주고 있고, 중정 쪽의 한 개 층의 입면에서는 세로로 된 세 줄기 무늬의 엔테블레쳐가 세 개의 장식마다 한번 씩 나타나며 독특하게 서있는 기둥들의 리듬 있는 간격이 질서를 부여하고 있다. 정원 쪽의 로지아는 매우 우아하나 내부에서의 로마노Romano의 몇몇 프레스코는 타락과 함몰의 주제를 표현하고 있다.

싼쏘비노Sansovino(1486~1570)는 1537년에 시작한 베니스 소광장의 베끼아Vecchia 도서관에서 다른 성격의 감각을 제공했다. 두 기둥 양식, 즉 도릭과 이오닉으로 된 입면에서는 빛에서 내부의 그림자에까지 단계적으로 개구부의 변화를 살려주면서 감동적인 난간으로 장식된 엔터블레쳐의 풍요로운 장식 속에서 표현되고 있다. 여기에서 극장 무대장식처럼 친근하게 깊이가 있는 입면이 공작궁전 앞의 특이한 도시 속의 대지에 자리잡게 되었다. 건축가이자 조각가인 싼쏘비노의 예술적 천재성은 라파엘의 브랑꼬니오Branconio 궁전(1518)에서 표현된 로마 양식과 베니스 전통의 이러한 복합적 완성 속에 나타나있다.

(10) 깜삐돌리오 광장과 16세기의 도시설계

싼쏘비노의 뛰어난 건축은 그 기념비적인 도시 스케일에도 불구하고 사람과 거주민에 근접한다. 미켈란젤로(1475~1564)의 건축 속에서 까삐똘 궁전(로마, 1538)에서의 육중한 기둥과 거친 그림자 효과에 의한 스케일의 단절 혹은 라우렌치아나 도서관(피렌체,

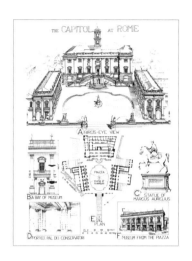

그림 6-19 깜삐똘 광장 평면
그림 6-20 깜삐 궁전 광장
그림 6-21 깜삐똘 광장 바닥 장식

1558~1559) 현관에서의 건축적 장식의 지적인 조화, 즉 기둥, 돌출
기둥, 박공, 난간, 대담하게 배치된 소용돌이 모양의 까치발은 각
건물마다 긴장의 범위를 한정했다. 그래서 건축은 비극적인 타워와
함께 우주적인 규모를 채택하였다. 까뻬똘 광장의 정돈은 새로운
제의실(쌩로렁Saint-Laurent 성당, 피렌체, 1520~1534)의 조각 속에서나
식스틴Sixtine 성당(로마, 1508~1512)의 부조 속에서처럼 이러한 거대
한 열광을 가장 높게 표현한 것이었다. 매너리즘이 르네상스를 자

연스럽게 해석하면서, 게다가 환상적으로 다양하게 받아들이는 방책이었다면, 고전적 언어를 사용하는 데 매우 혁신적이었던 미켈란젤로의 양식은 매너리즘과 닮았다. 까삐똘 언덕은 로마에서 16세기에 시행된 주요도시계획 작업 중 하나였다. 실제로 존재하지 않은 중세중심 축에 한정되고 티베르Tiber 강 울타리 속에서 움츠리고 있는 도시를 개조하기 위해서 교황청은 1470년부터 쌩안젤로 다리부터 시작되는 도로를 정리하고 강가의 건조물들을 법으로 규정하기 시작했다.

16세기 전반부에는 마르스 광장 북쪽, 중세도시 동쪽에 뽀뿔로Popolo 광장으로부터 갈라지는 유명한 '삼지창' 모양의 대로설계를 실행했다. 식스트 퀸트Sixte Quint(1585~1590)는 2세기 동안 수도 확장작업의 뼈대를 잡게 될 도로망을 북쪽과 동쪽으로 전개시켰다. 모든 도로망의 끝부분과 결절점은 하나의 기념물(교회, 궁전, 개선문, 오벨리스크)로서 형상화하고 알베르티의 투시도 법칙에 따라 경관을 형성한다.

투시도는 이탈리아와 다른 유럽국가에서 새로운 도시경관을 엄격하게 재현시키고 전 유럽으로 확산시키게 되었는데, 그중에 특히 빨레르모Palermo를 가로질러 항구까지 연결하는 까쎄로Cassero(1564)

↑ **그림 6-22** 미켈란젤로, 라우렌치아나 도서관
↓ **그림 6-23** 식스틴 성당의 천장 부조
← **그림 6-24** 피렌체의 사무소(1560)
→ **그림 6-25** 빠리 왕립 광장(1604~1606)

축, 아르노Arno로부터 오래된 궁전까지 무대장식적 부시노를 제공하기 위해 바자리Vasari(1511~1574)가 고안한 피렌체의 사무소 Uffici(1560), 빠리의 앙리 4세에 의한 왕립광장Place Royale과 도핀느 광장Place Dauphine(1604~1606) 등을 들 수 있다.

(11) 민간건축

16세기 이탈리아에서 이러한 도시계획과 도시궁전에 대한 우대는 어깨를 나란히 한다. 거의 전 지역에서 갤러리를 갖춘 중정은 이러한 궁전의 기본 구성요소였다. 로마에서는 층계참 사이의 층계가 이중으로 도로와 상층부를 연결하는 반면, 사람들은 도로에서 궁륭 통로를 거쳐 접근하도록 되어 작은 대지의 어려움 때문에 동선분배를 선택하고 있었다(싼쏘비노의 발레Valle 궁, 1520). 도로에서 입면은 스파다Spada 궁(1550년경)의 경우처럼, 우뚝 솟은 정면성 속에서 고전적 언어의 실험장이 되었다. 거대한 궁전에서는 기본적인 중정에 두 번째 중정이나 닫힌 정원을 연접시켜 풍요로움을 나타내었는데 쌍갈로Sangallo의 싸체티Sacchetti 궁(로마, 1543)이나 루라고R. Lurago의 도리아뚜르시Doria-Tursi 궁(제노바, 1564)의 경우를 들 수 있다.

베네치아Venetia 지방에서는 입면이 자신의 정면성을 종종 잃어버려서 고귀한 층Piano nobile이 넓은 개구부를 가진 발코니로 도로를 향해 열려있는 경우가 있는데 싼미첼리M. Sanmicheli의 폼페이 궁(베로나, 1530)이나 빨라디오가 궁리한 고대 포럼의 광장을 연상시키는 공공광장과 공간적 연결관계를 구축하기 위한 이층 부분의 두 개의 발코니와 일층 부분의 문을 설치한 치에리카티Chiericati 궁(비첸자Vicenza, 1550)의 예가 있다.

그림 6-26 치에리카티 궁

극장건물은 문화적 · 건축적 표현으로 고대 도시생활의 기본 시
설 중 하나였다. 르네상스 기간 동안 인본주의자들의 영향권 안에
서 공연행위는 행복, 연애, 자연에 대한 종교 외적인 가치를 발레나
목가시, 가면무도회 등을 통하여 주요 중정뿐 아니라 거리에서도
휘황찬란한 광경제작에 협력하는 예술가들에 의해 상상된 장식과
기구를 통하여 공연하면서 종교로부터의 속박에서 벗어났다.

16세기에 비트루비우스Vitruvius 이론에서 온 무대장식술이 먼저
쎄를리오Serlio(1475~1554)가 발명한 무대장식 배치와 함께 자리를
잡아 무대 위에서 깊이 있는 인상을 주기 위해서 두 줄로 된 그림판
을 나열하여 회화적인 투시도(1520년경)를 옮겨놓았다. 이어서 빨라
디오Palladio(1508~1580)가 1580년부터 비첸자Vicenza에서 올림픽 극
장을 지어 매우 건축적으로 장식된 무대 벽과 함께 무대 전면
Procenium을 열주로 장식된 채 긴 도로 쪽을 향한 투시도 조망을 가능
케 해주는 반원통형의 실室로 된 로마건축 형식을 다시 활성화했다.
그리고 실내부 천장에 그린 하늘은 지붕이 열린 고대 극장에서 추가

적으로 인용한 것이었다. 빨라디오의 마지막 작품인 이 건물은 이 공간이 얼만큼 고대건축을 기리면서 극장활동의 극적인 집합소로 16세기 도시경관에서 현대성의 상징으로 자리 잡고 있는지를 말해 주는 것이다.

(12) 빌라건축

14세기부터 이탈리아에서는 아마도 자연과 우선적인 관계에 대신하여 유도된 도시의 밀도 있는 생활로, 교외에 많은 개인건물이 지어지게 된다. 꼴루멜Columelle, 비르질Virgile, 소플리니우스Pline le Jeune의 시적 혹은 기술적인 라틴어 문장에 의해 알려진 고대 모델에 따라 두 유형의 건물이 16세기 초에 자리를 잡았는데, 도시궁전을 목가적으로 보완한 교외빌라와 농업분야의 관리중심인 농촌빌라가 있다.

플리니우스Plinius 빌라에서 영향을 받은 라파엘Raphael의 프로젝트 위에 1518년부터 로마 부근에서 세워진 마담빌라Villa Madame는 또 네로와 아드리안 황제의 빌라 속에서 관찰된 배치를 전체로 합친다. 애초에는 고대양식의 극장이 예견되었다. 순환형 중정둘레에 배치된 주거에서부터 투시도가 정원테라스에서 구릉이 이는 쪽으로 가볍게 스치고 지나간다. 거실 속에는 라파엘의 제자들에 의한 회반죽과 부조들이 장식으로 표현된 자연을 전해주고 있다.

미완성으로 남았던 마담빌라의 특정 제안사항들은 비뇰레Vignole(1512~1573)에 의해 로마 시 출입구에 있는 지울리아Giulia 빌라를 위해 아마나띠Ammanati와 바자리Vasari 설계경기를 통하여 재구성되었다. 이 빌라는 비교적 수수했으나 숙소, 의자를 구비한 담화실이 있는 중정, 별장 안의 동굴, 그리고 닫힌 정원 등은 자연과 신화 그리고 건축을 결합시키면서 극적인 무대 장식적 시퀀스를 이루고 있다.

이러한 박식한 복합성이나 미켈란젤로의 비극적인 규모와 대조적으로 빨라디오Palladio의 빌라 로톤다Villa Rotonda(1567~1569)는 그 명확하고 차분하고 우뚝 솟은 풍채로 인본주의 건축의 극치를 선보이고 있다. 비첸자Vicenza 부근의 작은 구릉으로부터 그리스 십자가형 평면은 파노라마 전망을 가지게 해서 리고리오P. Ligorio의 빌라데스떼Villa d' Este(티볼리Tivoli, 1549)처럼 지형학, 초목, 조각, 그리고 분수들로 에덴동산 같은 느낌을 구성하는 정원이 없는 점을 대체하고 있다. 이러한 빌라와 정원을 통한 모델은 2세기 이상 유럽 전역에서 일파를 이루게 되었다.

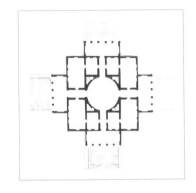

그림 6-27 빨라디오의 빌라 로톤다 평면

그림 6-28 빨라디오의 빌라 로톤다 (1567~1569)

피렌체 부근의 뽀지오 아 까이아노Poggio a Caiano에 다쌍갈로G. Da Sangallo의 계획안으로 세워진 빌라메디치Villa Medicis(1485~1519)는 농촌형 귀족빌라의 첫 번째 사례 중 하나다. 아케이드로 된 테라스 위에 자리 잡은 정사각형 평면의 기본 볼륨이 영지를 향해 열린 이오니아 양식의 로지아에 재미를 곁들이고 있다.

베네치아에서처럼 국제무역에 투자하기보다 농업에 투자하던 베네치아 대가문들을 위해 1540년부터 빌라를 지으며 이러한 유형에 양식을 부여한 사람이 빨라디오Palladio이다. 이제부터는 회랑으로 된 농업용 건물들(바르체스Barchesse, 베네치아식)이 매너리스트의 솜씨로 마술사 같은 실내장식으로 응답하며, 정면성을 지니고 극장 같은 건축구성의 중심에 있는 주인의 집과 통합되었다.

프라타 뽈레진Frata Polesine에 있는 바도어Badoer 빌라(1556년부터 건축)와 마제르Maser에 있는 바르바로Barbaro 빌라(1567~1569)는 인본주의에 의해 형성한 귀족계급 권력, 경제적·문화적 권력의 기능적·미적 표현 측면에서 자신의 모델을 나타내는 건축가의 능력을 보여준다.

(13) 반개혁 성향의 교회

16세기 유럽에서 개혁은 서로 밀접하게 배열된 정치와 종교에 중대한 결과를 가져왔다. 30교회의Concile de Trente(1545~1563)로 목표를 설정한 반개혁운동은 1541년에 예수회 교단을 창시한 이그나스 드 로욜라Ignace de Loyola와 밀라노 대주교인 샤를르 보로메Charles Borromee(1538~1584)에 의해 활성화되었다. 이러한 가톨릭 개혁의 추구는 많은 교회의 건축을 초래했는데 그 원형이 되는 것이 예수회

그림 6-29 비뇰레의 제수 성당

의 모교회인 비뇰레Vignole의 제수Gesu 성당(로마, 1568)이다. 예배당
을 옆에 동반한 반원통형 지붕의 단일 중앙 회랑은 트렌셉트와 축소
된 성가대와 함께 설교할 때의 음향효과를 용이하게 해준다. 내부
는 화려함은 잃어버렸으나 원래부터 흰 벽으로 되어 있어서 밝았다.
입면(1573~1584)은 델라뽀르따G. Della Porta에 의해 콤포지트 양식의
기둥과 기둥 사이의 간격을 겹쳐가며 리듬 있게 배치하였는데 비뇰
레가 계획한 입면보다 더 무거웠다.

　제수Gesu 성당은 17세기에 유럽의 반개혁 운동건축의 모델이 되
었다. 그럼에도 불구하고 베네치아에서는 싼 지오르지오 마지오레
San Giorgio Maggiore 성당(1566)과 빨라디오Palladio가 계획한 구세주

← **그림 6-30** 싼 지오르지오 마지오레
　성당
→ **그림 6-31** 싼 지오르지오 마지오레
　성당 내부, 베네치아

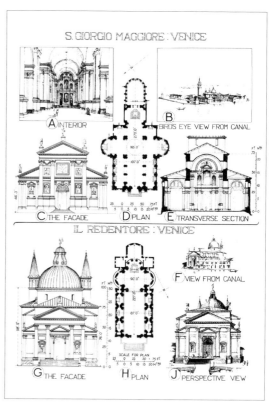

← **그림 6-32** 구세주 성당
→ **그림 6-33** 싼 지오르지오 마지오레
성당과 구세주 성당 평면도

Redempteur 성당(1577)으로 자신의 독창성을 과시하였다. 입면의 거대한 양식과 함께 공회당식basilical 평면으로 된 이 교회들은 내부에서 고대양식의 처리와 밝은 벽에서 나오는 빛의 배분 속에서 드문 솜씨로 두각을 나타내고 있다.

밀라노와 제노바에서 건축적 산물은 미켈란젤로의 작품에서 영향을 받은 알레씨G. Alessi(1512~1572)의 싼타마리아 디 까린냐노Santa Maria di Carrignano(1549) 혹은 쌩뽈 에 바르나베Saints Paul et Barnabe(1561)를 들 수 있다.

2. 유럽의 르네상스

유럽 전체에서 이탈리아의 인본주의 건축은 15세기와 16세기에 양식적 방편의 사용뿐만 아니라 석공 거장들의 손으로 실행되는 전문적인 건물에까지 여전히 활발했던 고딕문화와 부딪혔다. 유럽 상호 간의 상업적 교환의 풍요로움에도 불구하고 인쇄술의 발명 이후 예술가들은 여행을 하고 서로 아이디어가 전달되었다. 이 문화적 갈등은 16세기의 정치적 · 종교적 상황의 다양성 때문에 모든 나라에서 같은 강도를 가진 것은 아니었다.

(1) 프랑스

뛰어난 고딕 국가임에도 불구하고 인본주의자가 파고들어오는 것을 가장 잘 받아주고 동화된 나라는 프랑스였다.

북이탈리아에서의 군사적 활동 중에 프랑스의 왕들과 귀족들은 롬바르디아(이탈리아의 지방)식 건축의 뛰어난 장식에 매료되었으나 피렌체의 엄격함과 로마의 위대함을 알지 못했다. 그 결과 이들의 열광은 좌우대칭으로 된 르와르Loire 강 주변 국가들의 성의 볼륨과 고딕식 구획 위에 이탈리아화된 섬세한 장식들을 도입하게 되었는데 그 예로는 슈농쏘Chenonceaux 성(첫 번째 건물, 1515), 블루와Blois 성의 프랑수와 1세 측면관(1515~1524), 아제 르 히도Azay-le-Rideau 성(1518~1527) 등이 있다.

석공 거장들은 프랑수와1세가 주문하여 중세 성채의 유형에서 유래한 평면으로 되었지만 나선모양의 이중 회전하는 레오나르도 다빈치에게 부여된 중앙계단에서 확인된 대칭성을 통하여 이탈리

그림 6-34 블루와 성의 프랑수와 1세 측면관(1515~1524)

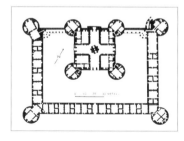

↖ **그림 6-35** 슈농쏘 성, 오른쪽 첫 번째 완성한 건물

← **그림 6-36** 슈농쏘 성, 나중에 다리 위에 완성한 갤러리 건물

↗ **그림 6-37** 슈농쏘 성(1515), 프랑스 르와르 지방

↙ **그림 6-38** 상보르 성 외벽

→ **그림 6-39** 상보르 성(1519~1550)

↘ **그림 6-40** 상보르 성 평면

아 건축가에 의한 합리성이 보이는 샹보르Chambord 성(1519~1550)에
서처럼 항상 이런 공사현장에 군림한다. 네 개의 주거를 제공하는
십자형 현관이 있는 주루Donjon 속에 위계 질서 있는 분배는 특히 18
세기의 프랑스 주거건축의 특징이 된다Jean Castex. 어쨌든 건축자들
은 그들의 우월성과 자유를 과시하기 위해서 높은 판석 지붕 위에
이런 이종양식의 부수적인 작은 사당을 과하리만큼 많이 지었다.

프랑스의 초기 르네상스의 이러한 이중적인 성격은 고딕양식의
불꽃이 타오르는 듯한 구조에 체계적으로 이탈리아 장식을 입힌 쌩
유스타슈Saint-Eustache 성당(빠리, 1532년부터) 같은 종교건축 속에 더
욱 명백히 나타났다.

1520년 말에 프랑수와1세가 궁정을 일드프랑스Ile-de-France로 이
전하여 현대적 언어가 더욱 깊이 안으로 들어가는 계기가 되었다.
이 건축언어는 프랑수와1세가 정착시킨 절대 군주권력에 따라 이제
부터 유일하게 양식을 만들어낼 수 있게 되었다. 여기에서 석공거
장 르브르통G. Le Breton(1553년에 사망)의 지휘 아래 1528년에 시작된

그림 6-41 퐁뗀블로 성

퐁뗀블로 성Chateau de Fontainebleau의 야심찬 계획이 생겨 더 이상 장식에만 의존하지 않고 고전적인 리듬을 프랑스식 방침(체적과 입면의 다색배치) 속에 주입한 솜씨를 과시하게 되었다. 실내장식은 프랑수와1세 갤러리의 프레스코와 회반죽 제작자인 플로렝띤 로쏘Florentine Rosso(1494~1540)와 1570년까지 작업을 맡아 퐁뗀블로Fontainebleau파 양식을 구성한 쁘리마티스Primatice와 델라바떼N. Dell' Abbate 같은 이탈리안 예술가들이 담당했다.

1540년대에는 프랑스식 르네상스로 전환하는 중요한 징후가 나타났다. 실제로 프랑수와1세의 요구로 1540년에 오게 된 쎄를리오Serlio는 자신의《건축개론 1, 2권》을 1545년에 출간하고 1546년에 안씨 르프렁Ancy-le-Franc 성 작업을 했다. 베네치아식 농촌빌라에서 영향 받은 이 건물은 건축 중에 돌 벽에 불쑥 두드러지게 조각한 그림 같은 효과와 중정 쪽 갤러리 아케이드의 투명성을 상실하여 중정 쪽으로 리듬 있게 배치된 기둥 간격들과 함께 강직하고 수평적이며 고전적인 질서를 보여준다.

마찬가지로 1546년에는 프랑수와1세를 위하여 레스꼬P. Lescot(1500~1578)가 디자인한 루브르 궁이 새롭게 지어졌다. 여기에서도 지상 층 꼭대기 장식을 두드러지게 하는 쇠시리 장식의 윤곽과 세 군데 돌출 벽체에도 불구하고 수평선이 세 개 층을 강조하고 있다. 부와 연접된 기념비적 성격과 품위가 이 새로운 고전양식인 왕가의 속성을 특징지어주고 있다.

고전 언어 속에서 다른 면도 있으나 이 정도의 독창성을 지닌 것이 필베르 들로름므Philibert Delorme(약 1510~1570)이 뿌와티에Poitiers의 디안느Diane를 위해 만든 안네 성Chateau d' Anet(약 1547~1555)이다. 중정은 정사각형 기둥으로 된 갤러리 위 한 개 층에 세 개의 건물로

↑ **그림 6-42** 루브르 궁전(1500~1578)
↓ **그림 6-43** 안네 성(1547~1555)

가장자리를 두른 모양이다. 네 번째 면에는 삼각형 박공처럼 배치된 동물 세 마리로 구성된 장식 속에 쎄를리오Serlio 식 도릭 원칙을 내포한 입구건물이 있는데, 그 반대 쪽 중정 안쪽에서는 주 건물의 정면이 세 가지 양식이 고전적으로 중첩되고 있다. 하지만 화려한 대목은 교회당인데 순환형 평면과 움푹 들어간 둥근 지붕으로 되어 있다.

레스꼬Lescot, 들로름므Delorme, 이어서 에꾸엉 성Chateau d'Ecouen 작업을 하면서 입구 중의 한 군데에 거대한 양식을 적용한 쟝빌랑Jean Bullant(약 1520~1578) 등은 고대건축과 이탈리아 건축을 현지에서 공부하여 상세하게 알고 있는 건축가들이다. 그들은 프랑스 문화와 요구에 맞는 현대적 건축언어를 만들어내기 위하여 자신들의 실무를 이론화하였는데 쟝빌랑Jean Bullant은 《건축의 일반적 규칙Reigle generale d'Architecture》(1563)을, 들로름므 Delorme는 《건축Architecture》(1567)을 출간하였다. 계획안과 공사현장 전체를 제어하는 기술자이자 예술가, 관리자, 그리고 지식인으로서 그들은 자신들의 명성과 소득에 따라서 중산계층 속에서 자기품성을 높였다.

왕립건축 영역을 제외하고는 고전적이라 불리는 르네상스 건축은 몇몇 중요한 건물을 만들어내었는데, 뚤르즈Toulouse의 베르뉘호텔Hotel de Bernuy(1530)과, 특히 아쎄자호텔Hotel d'Assezat(1552~1562)은 중정을 세 가지 양식으로 완벽하게 중첩시켜 건축하였다.

성당 건축으로는 쌩떼띠엔느 뒤몽 성당(1610~1625, 빠리)이 르네상스의 수평적인 요소를 간직한 채 삼각형 박공, 원호형 박공을 파

← **그림 6-44** 쌩떼띠엔느 뒤몽 성당
→ **그림 6-45** 쌩떼띠엔느 뒤몽 성당 내부 회랑

격적으로 입면에 도입하였다. 내부 천장 부분은 프랑스 고딕 성당의 천장과 다르게 리브를 과감하게 노출시켜서 영국식 고딕 성당 천장처럼 리브가 드러나도록 하였다. 내부 공간에서는 연단의 난간을 화려하게 장식하고 계단 아랫부분 경사면에도 계단 형태를 입체적으로 표현하였다.

(2) 스페인과 포르투갈

16세기에 이 두 나라에서는 모어Maure 족을 정복한 후 새롭게 건물을 지을 필요성이 대두하고 경제적으로 번영하게 되어 건축수요가 늘어나게 되었다. 한편으로는 전통적 이베리아 건축모델이 이탈리아화한 장식 모티브를 과시하게 되었는데, 그 예로 보이탁D. Boytac과 카스티오J. de Castilho가 설계한 벨렘Belem의 성 제롬saint Jerome 회의 수도원(1502~1519)과 에가스E. Egas와 씰로에D. de Siloe의 그라나다 Granada 대성당(1523년부터)이 있다.

확실히 맞추카Machuca는 1527년부터 샤를르 5세를 위해 그라나다

그림 6-46 성 제롬 회의 수도원 회랑 마당

← **그림 6-47** 성 제롬 회의 수도원 전경
→ **그림 6-48** 성 제롬 회의 수도원 회랑
　내부

궁전을 명확하게 이탈리안 기념비적 성격과 배치로 정돈했다. 하지만 필립 2세(1556~1598) 하에 고전적 모델이 1581년에 스페인에 의해 병합된 포르투갈 건축과 스페인 건축을 둘러싸게 되었다.

　로마 건축의 엄격함(브라만테), 반개혁 정신, 그리고 필립 2세의 신비주의에서 유래한 엘 에스꼬리알El Escorial의 극단적으로 엄중한 고전주의는 격자형 평면 위에 왕궁과 중앙집중형 평면을 가진 교회가 있는 수도원을 합쳐놓았다. 1562년에 똘레도J.B. de Toledo에 의해 시작되고 1582년에 건축가이자 수학자인 에르레라J. de Herrera에 의해 완성된 이 거대한 기념물은 다양한 상징적 근원을 내포한다. 한편으로 똘레도Toledo에 있는 아푸에라Afuera 병원(약 1550년)이나 또마르Tomar(Portugal)에 있는 또르랄바D. de Torralva에 의한 예수수도원(1557~1562)은 중정의 질서 속에서 피렌체와 로마의 교훈이 완벽하게 받아들여졌음을 보여주었다. 이탈리아인 떼르지F. Terzi가 1576년에 포르투갈에 도착한 것은 이러한 현대적 양식에 대한 선호를 강화시켰다.

그림 6-49 엘 에스꼬리알(1562∼1582), 스페인

(3) 영국

고딕전통에 묶이는 것보다 개혁을 약속하고 로마의 종교적, 문화적 지배를 거부한 영국 국교의 분파는 영국 건축으로 하여금 이탈리아 주의를 거의 받아들이지 않게 하였다. 동시에 성직자들은 수입이 없는 관계로 대성당의 건축을 중단해야 하는 반면 속세의 건물들만 이 1550년경까지(햄톤코어트Hampton Court, 1515년부터) 이탈리아화한 몇몇 장식모양에 탐닉했다. 게다가 이 시대에 영국은 이탈리아 건축가들을 유인하지 않았다.

1570년경, 플라망드의 모델(브르드망 드 브리Vredeman de Vries의《건축》, 1563) 선집의 출간과 쎄를리오Serlio에게서 영향을 받은 슈트Shute의 이론인《건축의 첫 번째 그리고 주된 근거》(1563)의 출간 이후 거대한 저택은 변화하게 되었다. 수직지향 양식으로 된 창문을 설치하는 것으로 영국식 전통을 확인하면서 입면작업을 주도하였다. 롱글리트Longleat(1572∼1580)는 이러한 엘리자베드식 귀족저택

← **그림 6-50** 롱글리트 평면
→ **그림 6-51** 롱글리트 전경

들의 원형으로 매우 신중하기는 하지만, 그 양식이 건물 주인들에게 현대적 징후로 받아들여짐을 나타내주었다. 하드위크홀Hardwick Hall (1590~1597)은 일반적으로 그들의 소유자에 의해 구상되고 석공과 목수에 의해 지어지는 이러한 양식의 주거의 진수이다. 그러므로 이 시대에는 교회나 왕위보다는 귀족계급이 건축개량을 놓고 주도 권을 행사하게 되었다.

(4) 독일과 중앙유럽

북유럽과 동유럽의 상황은 영국의 상황과 비교할 수 있다. 이곳의 지역적인 전통의 지속과 개혁의 영향은 단지 몇몇 주된 주거에만 고 전적 언어가 삽입되게 하였는데 1556년에 시작된 하이델베르그 성 Chateau de Heidelberg의 오쏜앙리Othon-Henri 날개 부분이나 엑켈W. Eckel 에 의한 뮌헨에 있는 주거의 수족관실 등의 예가 있다.

그러나 가톨릭 바비에르Baviere는 이탈리안식으로 장식되고, 매우 밝고 전체가 아치로 된 단일 중앙 회랑으로 된 비뇰레Vignole의 제수

성당을 따라서 뮐러w. Muller와 쉬스트리스F. Sustris에 의해 예수회 교도를 위해 쌩미셸Saint-Michel 교회(뮌헨, 1583~1599)가 지어지면서 이탈리아식 모델을 흡수하게 되었다.

더욱 독창적인 것은 아우구스부르그Augsbourg(Baviere)의 공식건축가인 홀E. Holl(1573~1646)의 작품인데, 특히 시청건물은 개구부와 입면의 분할에 적용된 스케일의 활용으로 기념비적인 고대양식을 검소하게 사용하여 매우 엄격하고 고전적인 특성을 보여주고 있다.

동유럽에서 폴란드의 궁정은 권력의 표식을 건축하기 위하여 일찍이 16세기 전체에 걸쳐서 이탈리아 기술자와 장식전문가들을 정착시켰는데 피렌체 양식의 아케이드로 된 꼬르틸Cortile을 갖춘 크라코비Cracovie에 있는 바벨성Chateau de Wawel(1502~1536)이 대표작이다. 마찬가지로 1580년에 베네치아인 모란도B. Morando는 이탈리아식 합리주의 도시계획 개념에 따라서 자모스크Zamosc 도시, 놀라운 건물들, 그리고 시의 성곽을 그리게 되었다.

　　이탈리아식이 나중에 받아들여진 러시아나 헝가리 지역에서는 지역적인 건축형태와 고전적 언어의 만남이 이상한 풍미를 지닌 양식적 결합을 만들어내곤 했는데 꼬메따D. Cometa에 의한 인드리추브 흐라덱 성Chateau de Indrichuv Hradec의 교회당(보헤미아, 16세기) 같은 예가 있다.

　　16세기 말에 모든 유럽 국가는 그들의 문화적 특성에 적절하게 맞추는 과정을 거쳐서 이탈리아로부터 온 형태에 대하여 문호를 개방하게 되었다.

제7장
고전주의
규칙과 권력

1. 프랑스에서의 고전주의: 첫 번째 발현

2. 고전적 언어의 구상 · 3. 보 르 비꽁뜨 성과 프랑스의 주된 양식

4. 베르사이유: 예술과 절대주의 · 5. 베르사이유를 제외한 건축

6. 건축학회와 공식예술 · 7. 영국의 고전주의

17세기에 식량기근, 생산량 급감(특히 모직물), 약탈자 분쟁(독일에서의 30년 전쟁, 1618~1648), 농촌 수입 감소로 인한 인구이탈과 인구의 부분적 빈곤화 등의 여러 위기로부터 탈출한 유럽사회 속에서 귀족계급의 역할은 지속적으로 증대되어 갔다. 여러 악조건에도 불구하고 몇몇 나라는 번영의 기간을 누리고 있었는데 프랑스의 1600년부터 1640년까지와 영국의 1650년 이후가 이에 해당한다.

영국과 네덜란드뿐 아니라 재정가와 관리자들이 왕을 보좌하던 프랑스(꼴베르Colbert, 루브와Louvois)에서도 귀족계급은 권력에 가까워 갔다. 예술가들과 건축가들은 귀족계급과 일체가 되었다. 지식분야에서는 자연에 대해 더욱 객관적인 접근이 기술과 역할의 발달(빠스깔의 계산기, 1642)을 가져왔다.

세기에 걸친 천문학적 시간의 계산과 예술적 사실에 대한 세속적인 일, 특히 그 일의 다양한 적용 사이에는 명백하게 유기적인 연계가 없다. 그래서 16세기 이탈리아에 나타난 고전적 언어에 대한 두 가지 해석의 하나인 질서정연함과 순수주의, 또 다른 하나인 자유스러움과 개혁성향은 이러한 언어가 다양한 유럽문화에 적응하게 된 후인 17세기에 확인되고 완벽하게 되었다.

첫 번째 해석은 흔히 '반응'이라 간주된 고전적 세력권을 일어나게 하였다. 두 번째는 바로크 경향을 일어나게 하였다. 이 '고전주의Classique'와 '바로크Baroque'라는 두 가지 명칭은, 이 명칭들이 부적절하다고 여기는 사람들에게도 널리 사용되었다.

1. 프랑스에서의 고전주의: 첫 번째 발현

우리가 알고 있는 조건과 형태 속에서 이탈리아 르네상스 언어에 동화된 채 프랑스는 가장 특징 있는 고전주의를 발전시켜 나갔다. 실제로 프랑스 르네상스 건축가들의 표현의 자유는 이탈리아 모델 속에서 이루어졌다.

이러한 문화적 입장은 국가적인 정치 사건과 함께 집중되었는데 참혹한 종교 전쟁 후 1598년에 앙리4세는 빠리에 입성하게 되고 썰리Sully에게 왕실의 재정과 경제복구를 위임하였다. 하지만 그 자신이 직접 수도의 재정비를 지휘하여 매우 상징적인 세 곳의 도시대지, 즉 마레Marais 지역 안에 있는 왕립 광장Place Royale(1605, 나중에 보쥬 광장Place des Vosges으로 됨), 씨떼Cite 섬의 뾰족한 끝부분에 있는 도핀느 광장Place Dauphine(1607), 북동쪽 성벽에 등을 기댄 프랑스 광장Place de France(1610, 실현 안 됨)을 지정하게 된다. 제각기 정사각형, 삼각형, 그리고 반원 방사형을 한 이 광장들은 반복적이고 장식이 거의 없는 벽돌과 석재로 된 입면으로 통일된 건축유형을 지니고 현대적인 이탈리아식 질서 정연함을 결합하고 있다.

이러한 왕립도시정비의 실현은 빠리의 경제 번영과 인구 증가

← **그림 7-1** 보쥬 광장 건물 입면
→ **그림 7-2** 보쥬 광장(1605)

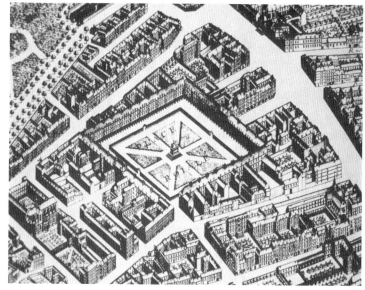

← **그림 7-3** 보쥬 광장 건물 하부 갤러리
→ **그림 7-4** 보쥬 광장, 튀르고 평면

(1637년에 415,000명)에 기인한 대규모 건축수요 덕분에 번창하게 된 개발업자와 시공업자들의 영향력에 따른 것이다. 쌩루이Saint Louis 섬은 1612년에서 1618년의 기간에 구획되고 시설이 자리 잡혔다. 동시에 목재판으로 공사하던 것이 벽돌로 채워지며 석재를 분할하는 석공술로 대체되어 도시 고유의 외관을 더욱 엄격하게 구성하였다.

모든 신분의 주거건축의 포장을 제어하기 위해서 국가는 법규를 제정하여 작업을 감독하였다. 여기에서 몇 가지 실무를 취급하며 도시주택모델을 제안하는 입문서를 출판하게 되었는데,《모든 종류의 사람을 위하여 잘 짓는 방법Maniere de bien bastir pour toutes sortes de personnes》(르뮈에P. Le Muet, 1623~1647) 혹은 《프랑수와즈 건축 Architecture Francoise》(사보L. Savot, 1624) 등이 있다.

2. 고전적 언어의 구상

귀족계층과 부유계층들은 빠리의 새로운 지구 내에 앞뜰과 정원 사이에 위치하는 독특한 개인저택들hotels particuliers을 지었다. 때때로 재정가 메슴갈레Mesme Gallet를 위해 지은 썰리 저택처럼 쌈뱅H. Sambin(디종Dijon, 16세기) 양식이나 루브르 궁의 레스꼬P. Lescot(정사각형 중정 Cour carree, 1546) 양식을 연상시키는 품격 높은 조각장식을 재흥한 석조입면을 위한 벽돌과 석재의 결합을 포기하는 경우도 있었다.

1610년대에서 1620년대 까지 농촌에 성을 짓는 것이 유행하였다. 그로부와Gros-Bois 성(발드마른느Val-de-Marne, 1597~1617)이나 로니쒸르쎈느Rosny-sur-Seine의 썰리 성(이블린느Yvelines, 1610~1620)은 높은 지붕아래 꺽쇠로 돌벽을 연결한 벽돌조로 되어 있다. 내부는 노출된 들보로 된 장식천장과 거대한 벽화 그리고 기념비적인 석조난로가 차지하고 있다.

그런데 동시에 드브로쓰S. de Brosse(1571~1626)는 석조로 된 블레랑꾸르Blerancourt 성(앤느Aisne, 1612~1619)에서 볼륨의 구성(사각형 돔

그림 7-5 루브르 궁의 레스꼬(정사각형 중정, 1546)

으로 된 네 개의 각진 분관으로 구성된 건물몸체) 면에서나 중첩된 양식의 사용면에서 그리고 개선문 모양의 정문과 중정 앞에 있는 두 개의 분관으로 이루는 삼각형 구도로 된 입구 구성면에서 더욱 기념비적인 방침을 세웠다. 이 건축가는 1615년에 빠리에서 마리드메디치Marie de Medici를 위해서 지은 뤽썽부르그Luxembourg에서 이러한 무대 장식적 기법을 더욱 거대하게 선보였다. 하지만 렌느Renne의 법원건물(1618)에서는 천창 없는 높은 지붕틀과 돌출기둥이 리듬 있게 배치된 층과 돌벽에 불쑥 두드러지게 조각한 기초 층이 연접되는 간결한 기념비적 성격을 갖추고 있다.

1616년에 드브로쓰는 후기고딕 교회인 쌩제르베Saint-Gervais에서 중앙 회랑의 높은 볼륨을 은폐하기 위해서 제수 성당의 두 가지 양식 대신에 세 가지 고대양식을 중첩시키면서 빠리의 첫 번째 고전주의 입면을 그렸다.

메뜨조Cl. Metezeau(1581~1652) 같은 다른 건축가들이 성공을 거두었다 하더라도 드브로쓰의 작품만이 들로름므Delorme의 건축과 망사르F. Mansart(1598~1666)의 엄격한 고전주의 사이에서 필수불가결한 연결고리로 나타난다.

1620년과 1660년 사이에 명성 있는 건축은 왕국뿐만 아니라 일확천금을 기대하는 개인고객을 위해서 작업한 망사르, 르메르씨에J. Lemercier(약 1585~1654), 그리고 르보L. Le Vau(1612~1670)에 의해 장악되었다. 르메르씨에만이 이탈리아에서 공부했으나 특히 교단의 많은 개혁, 즉 예수회Jesuites, 오라토리오회의Oratoriens, 우르술라 동정회(수녀회)Ursulines에 의해 프랑스에서 수도원과 단체의 건축 붐을 가져온 교회 프로젝트 속에서 모두 이탈리아 모델을 받아들였다. 그리하여 마데르노C. Maderno의 쌩뜨수잔느Sainte-Suzanne 교회(로마,

1597)는 르메르씨에의 소르본느Sorbonne 교회 입면, 망사르가 1645
년에 그린 발드그라쓰Val-de-Grace 교회의 입면을 위한 기준이 되었
다. 그럼에도 불구하고 망사르의 건축은 르메르씨에Lemercier의 고정
되게 적용된 양식에 비하여 그 리듬의 풍요함과 그 조형성의 활력
(일부는 바로크로 분류하고 있는)으로 실력을 인정받았다.

르메르씨에는 리슐리유Richelieu 추기경의 건축가로서 소르본느와
그 교회, 추기경 궁palais Cardinal(후에 빨레루와이얄palais Royal이 됨,
1629~1635)과 그 극장(1639), 그리고 특히 직교도로망을 갖춘 장방
형 평면의 리슐리유Richelieu 도시(앵드르 에 르와르Indre-et-Loire, 1631년
에 시작)와 거대한 성을 계획하였다. 그리고 그는 1635년에 왕립 건

← **그림 7-6** 소르본느 대학 교회, 르메
르씨에

→ **그림 7-7** 소르본느 대학 실내

그림 7-8 메종 성

축가가 되었다. 망사르Mansart의 언어의 복합성, 섬세함, 그리고 우아함은 비지따씨옹 교회eglise de la Visitation 내부의 중앙 집중된 평면과 내부공간 배열이나 블루와Blois 성(1635~1638)의 가스통 도를레앙Gaston d'Orleans 날개부분에서 확인된다. 거기에서는 백만장자 드롱궤이R. de Longueil가 주문한 메종 성chateau de Maisons(1642~1651)처럼 리듬의 정연한 배치가 수평 성향이 주를 이루면서 입면마다 조형적 연속성을 보장한다. 그리고 기둥, 개구부, 천창 시스템이 건물에 과장 없이 기념비적 성격으로 고귀함을 표현하는 축척을 새길 수 있도록 형태와 비례가 주어졌다.

메종 성의 내부에는 구형 위에 얹힌 거대한 상자 속에서 전개된

네 개의 층계참 사이의 계단들이 '프랑스식'이라 일컫는 계단을 형성하는 새로운 공간개념과 뛰어난 기교를 보여준다. 현관은 구조체의 형태에 따라 규정된 방의 내부에서 돌로 조각된 모티브나 건축, 장식, 배경요소를 균형 잡으면서 조금 간결하기는 하나 뛰어난 장식의 질에 대한 아이디어를 제공한다.

여전히 르네상스 개념 속에 있는 정원에 의해 연장된 성은 수 킬로미터에 걸쳐 서쪽으로 뻗은 나무로 둘러싸인 길에 의해 쌩제르망Saint-Germain 숲의 왕국 영역으로 연결된다.

3. 보 르 비꽁뜨Vaux-le-Vicomte 성과 프랑스의 주된 양식

전체적인 자신의 가치와 특성을 인식한 망사르는 건축주와 이해관계가 서로 상반되었다. 그래서 그는 착공한 지 일 년 후에 발드그라쓰Val-de-Grace 공사를 잃었다. 반면에 르보Le Vau는 개인 고객의 요구에 쉽게 따라서 많은 성과 저택을 지었다. 쌩루이Saint-Louis 섬의 뾰족한 끝 부분에 있는 랑베르 저택(1640~1644)은 고유의 평면에 우아한 양식을 규정하는 매우 자유로운 비례를 지닌 입면을 구성하는 그의 태도를 잘 보여준다. 이 양식은 르브렁Le Brun(1619~1690)이 그린 호화로운 갤러리의 장식을 알맞게 배열하고 있다.

이 시대에 르보는 마자랭Mazarin의 보호를 받으며 그를 위해 뱅쎈느Vincenne 성에 왕과 여왕의 별채를 지었고, 이어서 루브르 궁 맞은 편에 센느 강을 향해 반달형으로 열린 두 개의 날개로 둘러싸인 타원형 평면의 돔이 매우 인상적인 1662년에 시작된 꼴레쥬 데 꺄트르나씨옹Collège des Quatre-Nations(오늘날의 프랑스 한림원Academie francaise)

↑ **그림 7-9** 보 르 비꽁뜨 성
↙ **그림 7-10** 보 르 비꽁뜨 성
↘ **그림 7-11** 보 르 비꽁뜨 성(1657~1661)

을 지었다.

　재무장관 푸께Fouquet를 위해 계획된 보 르 비꽁뜨Vaux-le-Vicomte 성 (1657~1661)에서 르보는 시골의 거대한 주거 모델을 변모시켰다. 실제로 정원계획가 르노트르A. Le Notre(1613~1700)와의 협력 작업 덕분에 건축가는 투시도와 장식을 이용한 거대한 구성에 초점을 둔, 즉 주축이 접근로에서 출발하고 공통적으로 둘러싸인 뜰 앞부분으로 향하여 열려 있으며 성을 관통하여 엄격하게 분절되어 있으나 화단, 회양목 자수, 반사된 수면, 분수, 폭포와 운하 등이 단장된 주목과 대리석 조각들로 연결된 일련의 정원테라스를 정돈한 성을 만들었다. 전망이 제일 좋은 곳은 성의 내부에 있는데 성 스스로가 정원이 구성하는 스크린 속의 보배를 제공한다. 대수목으로 전망을 가리던 것에 근본적으로 반대하면서 합리주의로 선별한 이러한 자연의 삽입은 고전주의에 소속됨을 확인할 수 있다.

　이 정원이 의도적으로 꿈같은 축제분위기 모습으로 지어진 것과 마찬가지로 이 성은 그 입면의 무거운 건축 뒤에 르브렁Ch. Le Brun의 지도 아래 실행된 지적이고 호사스러운 실내장식을 제공한다. 정원의 구획과 비슷한 방 구획에 따라서 그림, 금박 화장벽토, 바닥과 벽카펫 등은 드꼬르또네P. de Cortone에게서 착각을 일으키게 하는 경향 없이 물려받은 양식 속에서 우의적인 주제를 명백히 한다.

4. 베르사이유: 예술과 절대주의

1660년대에 꼴베르Colbert는 루이 14세가 빠리에 거처를 정하기를 원치 않음에도 불구하고 루브르 계획을 마무리 지으려 매우 애썼다. 망사르, 르보, 베르니니Bernini(1664~1665) 등은 평면, 특히 동쪽 입면을 제안했다. 1667년에 르보, 뻬로Cl. Perrault, 그리고 르브렁은 왕의 요구로 모여 이 입면의 최종 그림을 제공했다. 기초층 위의 높은 갤러리의 거대한 코린티안 양식은 이미 1664년의 르보의 계획안에 있었으나, 난간 장식에 가치를 부여한 것과 지붕 틀을 생략한 것 그리고 비례의 엄격함과 섬세함은 고대건축에 대한 지식이 풍부하고 과학적인 공부를 하여 이 구조에 철골조를 도입하기까지 한 뻬로의 작업내용이었다.

1661년에 젊고 자존심이 강한 루이 14세는 그의 장관인 푸께의 오만한 호사의 과식에 의한 보 르 비꽁뜨Vaux-le-Vicomte 성에서 모욕감을 느꼈다. 하지만 그는 이 저택의 새로운 방침과 미적 완성도에 사로잡혔다. 그래서 그는 루이 13세에 의해 1631년에 세워진 소규

그림 7-12 루브르 궁전 동쪽 입면

그림 7-13 르보가 설계한 베르사이유 궁전 입면

모의 베르사이유 성을 이 모델에 따라 정비하도록 손을 댔다. 르노트르Le Notre는 축제를 위하여 신속하게 정원을 개량했다. 이어서 1668년에 르보는 세 개 층으로 된 위엄 있는 입면과 함께 정원 쪽 건물 확장 안을 그렸는데, 기초부분 한 개 층과 앞으로 조금 돌출한 부분 그리고 이오니아식 기둥으로 품위 있게 리듬을 부여한 층, 지붕꼭대기의 뾰족한 장식의 트로피와 냄비모양의 난간장식을 한 우아한 층으로 되어 있다. 공사가 시행된 이러한 배열은 르보가 죽은 후 도르베F. D'Orbay(1634~1697)에 의해 추가 확장공사로 다시 사용되었다.

그림 7-14 르브렁의 베르사이유 궁전 살롱 장식(1671~1681)

왕국의 첫 번째 화가였던 르브렁은 1664년부터 북쪽 날개부분(1671~1681) 속에 연속된 살롱에 이어 있는 왕의 거대한 주거의 장식을 위한 개념과 시공을 정돈하였다. 이 호화롭고 거대한 방들의 대부분은 벽 위의 다양한 색조로 된 대리석이 주를 이루고 있는 반면, 아치형 지붕에는 금박 화장벽토로 둘러싸인 우의적 주제의 그림과 꾸며진 건축들이 그려져 있다. 이 호화로운 프로그램은 '유리 갤러리Galerie des Glaces'(둥근 천장은 르브렁이 그림)와 '전쟁과 인접한

그림 7-15 베르사이유 성 유리갤러리

살롱과 평화와 인접한 살롱들'(1679~1686) 대리석과 금 그리고 착시현상기법으로 구성된 대사들의 계단Escaliers des Ambassadeurs(파괴됨)과 왕비의 계단에서 절정에 다다른다.

군주의 영광에 걸맞는 품위 있는 재료와 귀한 소재로 된 이러한 과잉표현과 우의적인 체계는 특히 르브렁이 비호한 고전주의의 엄격한 규범 안에서 작업하는 건축가 무리들의 재능 없이 과장된 양식을 낳았음이 틀림없다.

베르사이유 정원에서 우의적인 프로그램을 왕에 대한 순수한 풍요의 표시와 함께 활용한 사람은 르노트르인데, 투시도로 흥분이 고조된 영역의 범위, 비교할 수 없는 수목의 다양함을 나타내었고, 그리고 특히 르브렁의 그림에 의거해 조각된 형태에서 다양하게 사용되는 물은 정원에서 신비로운 탑을 형성하고 있다. 실제로 이 정원은 왕과 그의 왕조를 표현한 공간이면서 또한 즐기는, 즉 쾌락의 장소였다. 정원에서 정겹게 지낸 왕은 방문객들을 위한 안내서를 집필하고 르노트르에게 우정을 품었다.

← **그림 7-16** 베르사이유 성 갤러리
→ **그림 7-17** 베르사이유 성 측면 정원

↑ **그림 7-18** 베르사이유 정원
↓ **그림 7-19** 베르사이유 전체 숲 평면

　　1681년에 건축광인 군주의 큰 계획의 밑그림을 그린 건축가이면서 궁신인 아르두엥 망사르J. HardouinoMansart(1646~1708)는 1678년에 관여하여 2차 성 개발 단계로 유리갤러리galeris des Glaces와 북쪽과 중간날개를 제외하고, 꼬이펠A. Coypel이 전부 다 그린 깊게 파인 천창, 코린트식 기둥으로 된 설교대, 둥근 천장 공간이 밝아 감동을 주는 교회당Chapelle(1689~1710)을 계획했다.

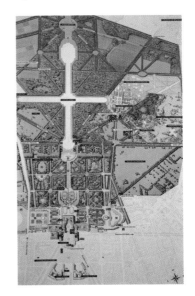

　　아르두엥망사르J. Hardouin-Mansart는 표현과 기능 사이에서 항상 합당성을 실현하면서 오랑쥬리Orangerie와 레썽마르슈les Cent Marches(1681~1686), 라똔느Latone 분수, 꼴로나드Colonnade(1685), 르 그랑트리아눙Le Grand Trianon(1687~1688) 등의 정원에서도 중요한 계획을 했다. 성 외부에서도 그는 1671년부터 궁중의 일부와 이 분야 고용인들이 머물도록 왕에 의해 만들어진 베르사이유 시를 거쳐 성

← **그림 7-20** 아르두엥 망사르가 설계
한 교회당(1689~1710)
↗ **그림 7-21** 아르두엥 망사르가 설계
한 르 그랑트리아농
↘ **그림 7-22** 아르두엥 망사르가 설계
한 르 그랑트리아농 갤러리

으로 이르는 세 개의 대로, 즉 빠리, 쏘Sceaux, 쌩끌루Saint-Cloud 대로
가 집중하는 곳에 왕궁 마구간을 지었다. 모든 건물들은 괄목할만
한 절제의 미학을 보여주었다.

5. 베르사이유를 제외한 건축

아르두엥 망사르J. Hardouin-Mansart는 동시에 베르사이유를 제외한 왕조의 공사현장을 통솔했는데 태양왕의 별채에 축을 두고, 궁신들을 위한 더욱 작은 여섯 개의 별채가 두 줄 대칭으로 둘러싸였으며, 양쪽에 거대한 분수가 있는 마를리Marly 주거(1679~1688)와 같은 비교적인 투시도 구성을 하였다.

그는 1698년에 빠리에서 벙돔 광장Place Vendome과 육중한 양식의 리듬을 맞춘 입면을 정리하였다. 무엇보다도 그는 중앙 집중형 평면인 앵발리드Invalides 교회 돔을 설계한 건축가로 유명한데, 입면에서는 매우 자유롭게 발드그라쓰Val-de-Grace 성당의 육감과 메종 성

그림 7-23 아르두엥 망사르가 설계한 빠리 벙돔 광장

그림 7-24 아르두엥 망사르가 설계한 앵발리드

의 고귀함을 간파하여 전체적으로 수직 도약, 조형성과 충만함을 주면서 3개 층에 걸쳐 고대양식을 뛰어나게 묘사했다. 아름다움의 극치를 보여주는 이 건물은 브뤼앙L. Bruant(1635~1697)이 쌀뻬트리에르Salpetriere 병원의 교회당과 같은 시기에 설계한 쌩루이Saint-Louis 교회당을 포함하여 앵발리드Invalides의 다른 건물들의 군사적 엄격함과 수평성과 대조된다.

베르사이유의 소우주 세계가 유럽 왕가 주거, 즉 네덜란드의 헤트루Het Loo 성(1700), 비르쯔부르그Wurtzbourg 주거, 바비에르Baviere(1710), 스페인의 그란자Granja 성(1719) 등의 본보기가 된 반면 빠리에서는 실내디자인이 세련되고 기능적 배치가 매우 뛰어난 도시의 귀족저택 건축이 성행되었다. 많은 사례 중 르뽀트르A. Lepautre의 보베 저택Les Hotels de Bauvais(1655), 빌레P. Bullet(1639~1716)의 에브르 저택Les Hotels d'Evreux(1707) 등은 빠리뿐 아니라 프랑스 전체에 걸쳐 개인적 수주의 활력과 여기에 응답할 준비가 되어 있는 교양 있고 창조적인 건축가 계층의 존재를 증명하였다.

6. 건축학회와 공식예술

예술의 학리적인 조직은 꼴베르Colbert의 큰 사업 중 하나이다. 학회는 이런 귀한 문화정책의 도구로서 국경 바깥에서조차 본보기가 되고자 하였다. 1671년에 생긴 이래 군사엔지니어에서 건축 쪽으로 옮긴(쌩드니Saint-Denis, 빠리, 1670) 블롱델F. Blondel(1618~1686)에 의해 지휘된 건축학회Academie d'Architecture는 세 가지 임무를 담당했는데, 건축이론을 구성하고, 이 이론을 선발된 학생들에게 가르치고,

그림 7-25 쌩드니 문

왕궁의 큰 요구에 대한 권한을 행사하는 것이었다.

학회의 과학적이고 교훈적인 기능은 고대모델이 개입되거나 1666년에 세워진 로마 주재 프랑스학회 덕분에 접촉이 쉬워진 비뇰레Vignole, 스카못찌Scamozzi, 베르니니와 같은 이탈리아 거장들의 관여를 통해서 이성의 통제하에 실현되었다. 학회시스템은 중앙 집중화의 징후를 나타내는 것 중 하나이기도 하다. 그것은 집권자의 영광을 위해 고안된 권력을 미적으로 표현하는 건축물을 보장해주어 베르사이유의 무대 장식적 표현 말고도 빠리에서 특히 왕의 기념조각상과 함께 광장설치가 계획(승리 광장Place des Victoires, 1685년, 벙돔 광장place de Vendome, 1698)되는데 지방의 그르노블Grenoble, 릴르Lille, 엑스Aix, 뚤루즈Toulouse, 렌느Rennes, 마르세이유Marseille에는 1685년에, 디종Dijon과 리옹Lyon에는 1686년에, 그리고 보르도Bordeaux에는 1688년에 계획되었다.

절대군주의 상징과도 같은 토지수용은 빠리 주변에서 왕립공원과 숲으로 된 성과 거의 중단 없는 방사형 길이 이루는 투시도가 직물을 짜는 듯한 일드프랑스Ile-de-France에서는 더욱 손쉽게 이루어졌다. 그리하여 고딕시대에 빠리 노트르담을 둘러싼 성당들이 이 영토에서 완전히 상징성을 주다가 이제부터는 왕국 영역이 이를 명확하게 해주게 되었다.

7. 영국의 고전주의

튜더 왕조를 계승하면서 스튜어트 왕조는 유럽을 향해 열린 왕립문예학술의 옹호를 창시하였다. 그들은 루벤스Rubens, 반다이크Van Dyck, 베르니니 같은 외국예술가들을 불러서 궁중예술을 구성하는 중요한 주문을 통해 장려시켰다.

1613년에 왕립건물의 총 감독관인 이니고 존스Inigo Jones(1573~1652)는 빨라디오의 작품들을 직접 알게 된 덕분에 군주의 품격 있는 문화계획과 유럽에서 채택된 고전문화 사이에서 완벽한 중개자가 되었다. 그의 인본주의적 건축언어는 볼륨, 평면, 그리고 입면의 새로운 논리에 따라 질서를 부여하기 위하여 전통적 특성과 대체되었다.

여왕의 자택(그리니치Greenwich, 1616~1635)을 위해서 그는 뽀지오 아 까이아노Poggio a Caiano 빌라에서 정육면체 면모, 두 개의 날개로 된 평면과 분배, 돌벽에 불쑥 두드러지게 조각한 무늬로 된 기초층 위의 고귀한 층을 위한 이오니아식 기둥으로 된 외랑loggia 등을 인용했으나 지붕 틀 없는 난간의 장식은 싼쏘비노Sansovino(베키아Vecchia 도서관, 베니스) 혹은 미켈란젤로Michel-Angelo(까삐똘Capitole 궁전)를 연상시킨다.

연회실(화이트홀Whitehall, 런던, 1619~1622)에서 존스Jones는 뛰어나게 우아한 기념비적인 표현으로 고대 언어(기둥, 입면박공, 난간, 꽃장

← **그림 7-26** 코벤트 가든을 둘러싼 아
케이드(현존하는 부분)
↗ **그림 7-27** 코벤트 가든을 둘러싼 아
케이드(현존하지 않음)
↘ **그림 7-28** 코벤트 가든을 둘러싼 아
케이드(현존하지 않음)

식 무늬, 처마언저리의 쇠시리장식의 윤곽)의 사용을 완벽하게 구사했
다. 리부른느Livourne의 아름므Arme 광장이나 빠리의 왕립광장place Royale
식으로 첫 번째 런던식 광장이 된 코벤트 가든Covent Garden을 둘러싼
아케이드로 된 주택(1631~1638, 현존하지 않음)을 위해서 그는 육중
하지만 좀 더 멋을 부린 양식의 고전적 기념비적 성격을 되찾았다.

스튜어트 왕조의 비용이 많이 드는 문예학술 옹호에 대한 부유층
의 반발에도 불구하고 양식적 개혁은 지속되었다. 예를 들면 존스
의 조수인 웹J. Webb(1611~1672)의 그리니치Greenwich 궁의 킹찰스블
록King Charles Block을 들 수 있다. 그렇지만 일 세기가 지난 후에 신고
전주의 문화의 아마추어 귀족들에 의해 다시 채택된 이러한 빨라디

오식 방법은 특히 궁정에서 높이 평가받는다.

17세기 후반부에는 이탈리아와 프랑스에서 유래한 형태에 결국 사로잡힌 영국건축문화가 현대유럽예술의 움직임 속에서 국가양식을 구성하는 해석을 끄집어낸다. 이러한 변천의 주된 행동자는 크리스토퍼렌Christopher Wren(1632~1723)이다. 뛰어난 수학자, 물리학자이며, 유명한 천문학자이기도한 그는 왕립과학협회(1661)의 창단 멤버이다. 그의 과학 지식은 뛰어난 건축학적 능력(쉘도니안Sheldonian 극장의 뼈대구조, 옥스포드, 1665년 이전)을 제공했다. 쎄를리오Serlio나 빨라디오Palladio 이론 그리고 프랑스 고전주의 건축(1665년 프랑스 여행)에서 출발하여 그는 영국에서는 아주 새로운 목조와 화장벽토로 된 가벼운 둥근 천장으로 덮인 지붕과 불규칙한 기둥 간격으로 된 장방형 공간을 가진 쎄인트스테판Saint-Stephen(런던, 1672~1687) 교회에서 보인 고전주의 언어사용의 엄격함뿐만 아니라 통사론적 유희 속의 자유까지 지닌 양식적 문제를 취급하였다.

1666년에 런던을 황폐하게 만든 대화재 이후 렌Wren은 로마의 기념비적인 도시계획과 프랑스 왕조의 대규모 정비를 연상하는 방사형 광장이 점으로 연결된 규칙적인 평면에 따른 런던의 재건을 제안하였다. 이 계획은 경제적, 감성적인 이유 때문에 시민들에 의해 거부되었다. 그러나 1669년에 유지감독관Survoyer general이 된 건축가는 쎄인트폴Saint-Paul 성당을 포함하여 50여 개의 교회를 재건하는 용역을 맡게 되었다. 이 거대한 건물(1675~1710)은 부강한 도시 런던의 경제적 야망에 따라, 그리고 영국국교회의 교황권에 대항을 확인하려는 뜻에서 지어진 것이다. 렌의 돔으로 덮인 중앙집중형 평면계획(미켈란젤로의 성 베드로 성당, 아드리안Hadrien의 판테온에서 볼 수 있음)에 대해 성직자와 전통주의자들은 라틴십자형 평면을 원했

← **그림 7-29** 세인트 폴 성당 입면
→ **그림 7-30** 세인트 폴 성당 단면

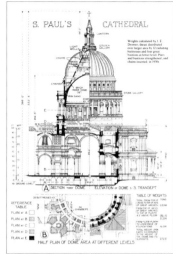

다. 두 개 층에 걸쳐 규칙적으로 짝수 배치된 기둥들과 코린트 양식으로 된 돌출기둥들은 입면에 기념비적 성격과 단위를 부여하는데 돔의 회랑기둥들은 브라만테Bramante의 템삐에또Tempietto를 가볍게 한 모습을 띠고 있다. 그리고 서쪽 입면 탑의 약간 바로크적인 실루에뜨silhouettes는 실내를 과장되게 하거나 요술적 효과를 예상케 한다. 이러한 장관을 연출하는 대형 건축은 피렌체의 성당 이래 돔으로 된 교회 역사에서 주류를 이루는 것이었다.

렌의 민간건축 중에 트리니티컬리지Trinity College(케임브리지Cambridge, 1676~1694) 도서관은 매우 간소하면서 완벽한 균형을 이루는 가운데 고전양식과 아케이드로 된 입면을 구성하고 있다. 반면 햄톤Hampton 궁전(1689~1701)에서 벽돌과 백색 석재의 사용은 입면을 풍요롭고 우아하게 해준다.

조금 덜 영향을 주었긴 하지만 다른 건축가들도 품위가 있는 건물 속에 고전적 형태를 완성하였는데 탈만W. Talman(1650~1719)의 쳇스워스Chatsworth 성(더비셔어Derbyshyre, 1687~1696)을 그 예로 들 수 있다.

제8장

바로크

새로운 건축적 · 도시적 공간

1. 이탈리아의 바로크

2. 중앙유럽에서의 바로크

3. 이베리아 반도의 바로크: 스페인과 포르투갈

4. 영국식 바로크

1. 이탈리아의 바로크

(1) 베르니니와 보로미니의 설립자적인 작품들

신학, 선교자, 예술 나아가 정치분야와도 연관된 카톨릭 교리의 힘
찬 개조운동인 반개혁운동은 16세기말부터 로마가 당당한 교황권
의 본거지로서 황제의 영화에 대한 야망과 함께 안전과 안정을 되찾
게 해준다. 식스트Sixte 5세(1590~1595)부터 알렉산더 7세
(1655~1667)까지 대부분의 교황은 그들의 정신적 영향력과 능력에
따라 추기경들이 같은 임무를 담당할 수 있도록 격려하면서 일반적
이고 계몽적인 문예·학술을 옹호하였다.

그림 8-1 나보나 광장

모든 예술, 특히 건축, 조각 그리고 회화는 경우에 따라서 매력적이고 비장하고 웅장하며 놀라운 효과에 의해 상상력을 붙잡고 마음을 끌 수 있는 예배장소, 도시정비, 화려한 민간수주의 형태로 표현되었다. 그런데 기독교 교리와 기독교 신의 영광에 대한 이러한 구성은 흔히 대주교의 영광을 위해 왜곡되는 경우가 있었는데 빰필리Phamphili가문을 위한 나보나Navona광장의 정비 및 구축, 교황 알렉산더7세를 위해 미네르바Minerva광장위에 오벨리스크를 설치한 것이 그 사례이다.

이러한 주교의 프로그램과 정확하게 일치하는 재능을 가진 예술가로 베르니니G. L. Bernini(1598~1680)를 들 수 있다. 조숙한 예술가인 그는 회화를 연상시키면서 조형적 효과를 보여주는 작품인 쌩로렁saint Laurant(1614~1615)성당의 박해받는 사람, 넵투누스Neptune, 트리톤Triton(1620) 같은 작품을 통하여 화가로서 그리고 특히 조각가로서 알려지게 된다. 베르니니에 의해 제작된 작품으로 규모가 큰 첫 번째 것은 성베드로Saint Pierre성당(1624~1633)의 둥근 천장 아래에 있는 제단baldaquin으로서 건축적 요소만큼이나 조각적 요소를 가지고 있다. 이 제단의 소용돌이 모양으로 끝나는 볼록곡선과 오목곡선으로 된 덮개부분은 덮개모서리의 점점 가늘어지는 조각상들과 함께 포도나무줄기가 휘감긴 네 개의 비틀린 모양의 기둥으로 지지되어 있다. 이러한 실루엣에서 유기적인 구불구불한 형태까지 성당의 거대한 공간속에서 중간적 규모의 축적이 생겨난다.

쌩뜨떼레즈sainte Therese(쌩뜨마리들라빅뚜아르Sainte-Marie-de-la-Victoire교회의 꼬르나로 Cornaro예배당, 로마, 1644~1651)의 '통찰'이라는 조각집합이나 나보나광장의 분수들(특히 네 개 강의 신을 묘사한 분수, 로마, 1647~1651), 그리고 성 베드로광장(1656~1667)은 베르니니가 조

그림 8-2 성베드로 성당 제단, 베르니니 설계, 바티칸

그림 8-3 성베드로 성당위에서 본 광장

각과 건축분야에서 토스칸 양식의 기둥들로 된 곡선화 된 두 개의
광장으로 향한 관문사이에서 성당과 완벽하게 조화시키면서 광장
이 순례자 군중들에게 어떻게 제공되고 기독교국의 중심을 어떻게
나타내는지, 그리고 명상의 장소, 도시축제의 공간으로서 어떻게 연
출되는지를 보여준다.

 싼 딴드레아 알 퀴리날레Sant' Andrea al Quirinale교회(로마, 1658~1670)
는 베르니니의 예술적 경험의 진수를 보여준다. 돔 없는 둥근 천장
으로 덮인 타원형 평면 위에 이 교회는 도로 가장자리에서 광장 앞
뜰의 움푹 들어간 부분에 반달이 열린 모양의 기념비적인 정면을 갖
춰 지나가는 행인들을 놀라게 한다. 건물 정면의 창문과 박공을 끼
워 맞춘 매우 조형적이면서 복합적인 작업은 측면 부위를 타원 형태
로 확장시켜 빛으로 차 있는 집중화된 중앙회랑과 대조되고 있다.

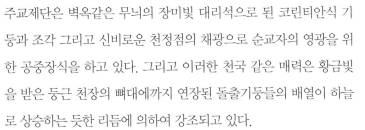

주교제단은 벽옥같은 무늬의 장미빛 대리석으로 된 코린티안식 기둥과 조각 그리고 신비로운 천정점의 채광으로 순교자의 영광을 위한 공중장식을 하고 있다. 그리고 이러한 천국 같은 매력은 황금빛을 받은 둥근 천장의 뼈대에까지 연장된 돌출기둥들의 배열이 하늘로 상승하는 듯한 리듬에 의하여 강조되고 있다.

베르니니의 건축언어는 고전주의 전통의 원천으로 충실하게 남는다. 그러나 그는 비틀어진 기둥, 휘어진 엔타블러처, 활처럼 구부러지고 중단된 박공과 같은 다양함도 드물게 되살아나게한다. 그는 르네상스 이후로 사용되지 않은 축척의 단절을 만들어내었다. 즉, 그는 특히 완전한 자유 속에서 일정한 감각성을 지닌 조각을 개입시킴으로써 고전적 언어의 결합적인 과정을 혼란하게 하였다. 바로크 작품을 특징지어주는 것은 이러한 확고한 의문들 제기하고 그러면서 현대적 건축언어의 평범한 표현을 완전히 제어한 것이다.《현대 화가, 조각가, 건축가의 삶》(로마, 1672)의 저자인 벨로리G. P.Bellori같은 정통성을 지지하는 사람들도 베르니니를 무시하는 경향이 있다. 블롱델Blondel처럼 로마의 다른 위대한 건축가인 보로미니에게 "나는 로마에서 보로미니Borromini(1599~1667)처럼 자신의 건물의 아름다움을 변질시키는 기본을 뒤집고 소용돌이 문양을 거꾸로 돌리고 수천 개의 이상한 내용을 끌어들이고 싶지는 않다."라고 이치를 부인하는 것을 사람들은 비난하지는 않는다.

보로미니는 로마에서 젊은 시절에 성 베드로 성당의 공사현장 같은 힘들고 어두운 일을 한 후 건축가로서의 경력에 얼마큼의 반향을 불러일으켰으나 그의 뛰어난 건설능력에도 불구하고 베르니니가 유럽에 걸친 영향에는 미치지 못했다. 그의 첫 번째 수주인 싼 까를로 알레 꽈트로 폰따네San Carlo alle Quattro Fontane교회(수도원 경내 1635, 교회 1638, 입면 1664)는 성미가 까다로운 그의 천재성의 특이함을 나타낸다. 번갈아가며 오목하다가 똑바른 벽의 반복진행과 함께 매끈한 기둥들이 타원형 기본평면 위에 엄격하게 연결되어 내부 표피에 이루 말로 표현하기 힘든 맥박의 고동을 새겨준다. 이렇게 공간을 잠재적으로 확장시키는 것은 정접된 곡선구조체가 부드럽게 빛이 들어오는 둥근 천장의 꼭대기 채광창까지 서로 연결된 지붕 부분

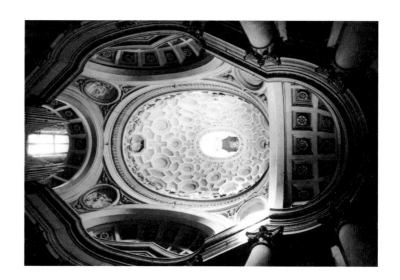

그림 8-6 싼까를로 알레 꽈트로 폰따네 교회 내부 천장

그림 8-7 싼까를로 알레 꽈트로 폰따네 교회

에서 절정을 이루고 있다. 매우 상징적인 이 공간의 기발한 복합성
은 공사현장에서 적용중인 경험에 의한 실무가 미칠 수 있는 범위
밖에서 구조체를 추상적으로 그릴 수 있는 건축가의 기하학적 지식
의 적용으로부터 생긴다.

　　보로미니의 기하학적인 과학은 싸삐앙스Sapience대학(로마, 1642)
에 있는 쌩샤를르Saint-Charles, 쌩이브Saint-Yves교회, 혹은 신앙전파학

교college de la Propagation de la Foi(로마, 1651)의 매우 부드러우면서 거의 살아있는 전통요소들을 항상 놀랍게 그린 것과 조합한 것의 천재성을 주로 설명한다. 외부에서만큼이나 내부에서도 선과 윤곽의 유동성은 공간의 무한성과 연속성을 각 건물마다 표시하고 있다. 그리하여 건축은 이율배반적으로 비 물질성을 목표로 삼는다.

(2) 보급과 다양성

이탈리아에서의 바로크는 (특히 베니스에서) 르네상스 기간 동안 호화스럽고 기계설비화된 극장, 귀족궁전 또는 길거리 속에서 주어지는 축제 분위기이기도하다. 예를 들어 베르니니 같은 건축가들이나 화가들에 의해 당분간 계획된 임시구조물들은 바로크의 가장 자유로운 특성중의 하나였다.

　그렇지만 특히 북이탈리아의 지방국가들에서 종교재단들은 빨라디오Palladio식 모델에서 로마식 바로크와 유사한 형태로 향한 진화에 이른 특권이 있는 증거로 남는다. 그리하여 조각적 장식, 처마 언저리의 쇠시리장식의 윤곽 그리고 조각기술에 주어진 비약적 발전 덕분에 롱게나B.Longhena(1598~1682)는 거대한 소용돌이 문양의 싼타마리아 델라 쌀루떼Santa Maria Della Salute교회(베니스, 1630년부터)의 실루엣에 생기를 띠게 한다. 제노바에서 비앙꼬B.Bianco (1590~1657)가 1630년에 시작한 예수회 과거 단체의 중정에 있는 기념비적인 계단은 18세기의 비비에나Bibiena가문의 극장장식을 예상하면서 투명하고 역동적인 무대장식을 실현한다. 또 주바라F. Juvara(1678~1736)의 수뻬르가Superga공회당(토리노Torino, 1716~1727)은 미켈란젤로(돔), 빨라디오(입구문), 보로미니(종탑)를 결합하면서

← **그림 8-8** 싼타마리아 델라 쌀루떼
교회 전경(1630년부터)
→ **그림 8-9** 싼타마리아 델라 쌀루떼
교회 출입구

이룩한 절충주의 속에서 장중함을 잘 표현하였다.

이 모든 작품들은 과리니G. Guarini(1624~1683)부친의 작업에 비교하면 소박한 것으로 보여진다. 보로미니의 작품에서 방향을 잡아내어 그는 토리노Torino에 있는 쌩쒸에르Saint Suaire 대성당(1667~1690)의 예배당과 싼 로렌조San-Lorenzo교회(1668~1687)에서 리듬과 색깔을 곁들인 매우 풍요로운 장식과 함께 조정되고 굴곡진 내부 마감에 생기를 불어넣어주고 있다. 특히 그는 구조적인 과감함과 빛을 내는 조형성에서, 고딕건축과 회교도의 지배하에 있던 스페인 기독교 건축의 영향을 받았지만 최고의 수학 지식의 엄격한 통제를 받는 둥근 천장을 실현하였다.

그림 8-10 주바라(1678~1736)의 수뻬르가 공회당

그림 8-11 싼로렌조 성당 돔

1693년의 지진 이후 복구작업을 위해서 시실리아Sicilia는 극도로 역동적인 긴장감을 주는 횡단입면을 갖춘 쌩죠르쥬Saint-Georges교회 (라구자Ragusa, 1744~1766)의 건축가이기도한 가글리아르디R.Gagliardi 의 평면 위에, 특히 노또Noto시에서 완전히 재건된 바로크건축과 도시계획을 개시한다.

2. 중앙유럽에서의 바로크

지리적으로 정확하게 독일 남부, 수아브Souabe, 바비에르Baviere, 그리고 오스트리아의 집 휘하에 모인 국가에 대한 것이다. 카톨릭 反개혁운동은 종교적 규율의 힘을 강화하면서 영주와 군주권한이 수도와 농촌에서 강화되는 것과 동시에 대성공을 거두게 된다. 로마 카톨릭교의 영광을 위한 궁정과 귀족들의 예술적, 시각적 그리고 청각적 환경을 구상하는 것은 각자의 감성을 매혹시키기 위하여 구상된 수많은 주문을 낳았다. 이러한 맥락에서 터키에 대한 최종적인 승리 (비엔나, 1683)와 특히 헝가리의 재정복은 종교적이면서 정치적인 의미를 가진다.

물론 이미 보헤미아Bohemia의 경우처럼 예술가들은 프라하Praha에서 제일 부자엘리트를 위해 일했다. 양식적 모델은 이탈리아에서 비롯되어 이탈리아 예술가들을 받아들이거나 프랑스인 마테 J.B.Mathey(프라하, 1670)같은 로마에서 형성된 외국예술가, 아니면 피셔본에흘라크J. B. Fischer Von Erlach(1656~1723)나 본힐데브란트L.Von Hildebrandt같은 로마에서 공부한 자국 예술가를 받아들였다.

(1) 오스트리아 영역

피셔 본 에흘라크는 이탈리아에서 돌아오자마자 처음에는 프랑스식 정원을 갖춘 비엔나식 베르사이유궁 같은 방식으로 만들다가 이보다 더 큰 규모로 구상했었던 장엄한 숀브룬Schonbrunn성 (1696~1713)을 지으면서 합스부르그Habsbourg제국의 수도에 어울리는 건물 환경의 지휘자로서 군림한다. 건물을 풍요롭게 배치하고 볼륨을 연접시켜 위계를 부여하고 로마제국의 인용을 삽입하여 다양한 축척을 활용하는 그의 예술은 타원형 둥근 천장으로 된 쌩샤를르보로메Saint-Charles-Borromee봉헌교회(비엔나, 1716~1729)에서 훌륭하게 구체화된다. 그리고 또 그는《역사적 건축에 대한 수필Entwurf Einer Historischen Architektur(1721)》에서 자신의 건축모델을 편찬함으로써 명성을 얻게 된다.

그림 8-12 숀부른 성

일종의 애국주의의 표현인 이러한 황제의 바로크건축 옆에 왕자들은 유겐Eugene왕자를 위한 본 힐데브란트L.Von Hildebrandt의 높은 전망대Belvedere superieur(1721~1722)처럼 좀 더 섬세하게 풍요로운 궁전을 짓게 한다. 건물과 건물 꼭대기 몸체 구성의 섬세함과 입면의 처마 언저리의 쇠시리 장식 형식의 유연함과 내부 조각의 역할은 이탈리아 모델을 독창적인 오스트리아 바로크 양식으로 탄생시키는 건축가의 능력을 보여준다.

한편으로 바로크는 쌩플로리안Saint-Florian, 즈베트Zwettl, 뒤른스타인Durnstein 그리고 특히 멜크Melk(1702~1740)처럼 지방과 농촌 전통에 젖은 미장공 프란타우어J.Prandtauer(1660~1726)에 의해 다뉴브 강을 수직으로 끊는 대지와 완벽하게 일치하게 건축한 많은 수의 풍요롭고 위압적인 수도원들과 동화한다. 그리하여 장중하고 강건하게 연접된 장식과 형태가 수도의 궁전들의 빛나는 양식과 잘 구분된다.

보헤미아Bohemia에서 가장 활동적인 바로크의 본고장인 프라하에서 건축은 상당 부분이 디엔젠호퍼Dientzenhofer가문의 사업으로서, 크리스토프Christoph(1655~1722)는 과리니G.Guarini의 작업에서 뚜렷하게 영향 받은 통일되고 곡선화 된 내부공간과 기다랗게 물결치는 입면을 가진 말라 스트라나Mala Strana의 쌩니꼴라Saint-Nicolas교회(1703~1711)를 세운다.

(2) 독일 영역

남부 독일에서 종교건축은 카톨릭 국가에 선동되어 힘차게 발전한다. 그러나 그것은 합스부르그Habsbourg 왕국에서보다 더 농촌적인데 왜냐하면 주로 부유한 수도원과 호화로운 순례자교회를 위해 세워졌기 때문이다. 농촌에 위치하여 反개혁정신을 추종하고 보급하는 그 강력한 기구들은 특히 건축가의 선택과 같은 속세적인 권한에 대해서 매우 자유로웠다.

오베르마르크탈Obermarchtal수도원(수와브Souabe, 1686~1692)은 기둥 간격이 반원형의 궁륭으로 되어있고 강한 기둥으로 또박또박 박자를 맞춘 장방형 평면의 교회를 디자인한 벽돌공 텀브M.Thhumb의 작품이다. 화장벽토로 된 고전적인 장식들은 구조체를 강조해준다. 흰색이 빛을 발하고 엄숙한 중앙회랑 위를 지배한다. 18세기 초의 4반세기 동안 새로운 구조적 배치에 의해 이미 표현된 공간의 유동성을 증대시키는 붐비는 조각과 다색 화장 벽토로 된 항상 밝지만 착시현상을 이용한 프레스코로 뚜렷하게 한 중앙회랑에 점차적으로 자리를 양보하게 된 것은 호크바로크Hochbarock였다. 즉 장방형 평면(쌩 정 네포뮤쩬느Saint-Jean-Nepomucene, 아쌈Asam형제, 뮌헨, 1733~1746)에서부터 타원형 평면(짐머만Zimmermann에 의한 스타인하우젠Steinhausen, 1728~1735), 혹은 둘을 혼합한 평면(뉴만B.Neumann에 의한 비에르젠하일리겐

← **그림 8-13** 쌩 정 네포뮤쎈느, 아쌈형제(1733~1746)
↓ **그림 8-14** 비에르젠하일리겐(1743~1772)
→ **그림 8-15** 비에르젠하일리겐 내부

Vierzehnheiligen, 1743~1772)에까지 모든 교회들은 베르니니, 보로미니 혹은 과리니Guarini의 작품에 틀림없이 신세를 지고 있는 공간이지만 장식적 방침은 완전히 이러한 독일계 영토에서 일체가 된다.

왕, 혹은 제후의 민간건축은 독일 바로크의 천재적 형상과 함께 베르사이유Versailles나 마를리Marly의 품위있는 질서와 성공적으로 결합한다. 교양 있는 건축가들과 재능 있는 건설자들은 야심적인 주문 중에 두 개를 이끌어간다. 첫 번째 것은 빠리에서 공부한 에프너 J.Effner(1687~1745)에게 의뢰한 문헨 부근에 있는 왕가가족들을 위한 여름용 주거인 님펜부르그Nymphenburg(1715)로서 전반적 방침은 '프랑스식'이지만 건물의 볼륨과 입면의 질서는 전형적인 독일식이다. 1734년에 하이나우트Hainaut 태생의 큐빌리에J. F. Cuvilliés는 공원 안에, 화장 벽토를 위해서는 짐머만J.B. Zimmermann과 함께 두 개 문화의 뛰어난 결합체인 아말리엔부르그Amalienburg 별채를 짓게 된다. 두 번째 의미 있는 수주인 뷔르쯔부르그Wurtzbourg의 주교장 저택은 로코코장식의 범람에 의하여 전복된 그 복합적 둥근 천장이 뉴만 B.Neumann(1687~1753)에 기인하며 끝없이 어리둥절케하는 공간이 펼쳐진다. 대계단의 경우는 한편으로 자랑스레 과시하는 듯하면서도 유희적이다.

대규모 수주의 경우에 이제부터 극장과 도서관에 호화로운 의식 속에 실현된 흥행물과 문화를 적용하기 위한 선발적 취급을 담당하게 한다. 그리하여 비비에나Bibiena에 의한 마르그라브Margrave극장(바이루쓰Bayreuth, 1745) 혹은 큐빌리에에 의한 주거극장(문헨, 1751), 그리고 피셔본에를라크Fischer Von Erlach에 의한 비엔나 제국도서관 (1723~1735), 혹은 특성화된 유형적 접근 대상이 된 무수히 많은 수도원 도서관중 하나인 슈쎈리드Schussenried수도원 도서관

(1754~1761)이 생기게 된다.

　게르만 바로크 영역 속에서 건축 실무의 또 다른 독창적 흔적은 작업의 구성 속에 있다. 건축가는 도면 작업의 임무를 맡는다. 그는 건축가를 고위공무원으로 간주하는 건축주와 석공기술자에 의해 주도되는 공사현장 사이에서 이해관계를 같이한다. 이웃 이탈리아나 프랑스의 건축가들과 대조적으로 그들은 석공기술자, 화가 그리고 화장 회칠하는 미장이들보다 보수를 훨씬 적게 받는다. 그래서 계획 후 건물 짓는 일은 시공업자들에게 가고 건축가들은 손을 떼게 되는 경향을 보인다.

3. 이베리아 반도의 바로크: 스페인과 포르투갈

16세기에 아메리카로부터 온 금은보화로 엄청나게 부유해지고 '황금기'를 맞은 스페인은 이탈리아의 예술적 주요 현대성과 동화하게 된다. 그러나 1600년대부터 이 나라는 파국적인 경제침체와 심각한 군사적 역경을 겪는다. 18세기 초에 가서야 이를 다시 일으키게 된다. 그럼에도 불구하고 예술적 재생산은 유지하게 된다.

　게다가 카톨릭 열정의 보루인 스페인은 30인 종교회의Concile de Trente속에 깊숙히 연루되어 反종교개혁의 개념과 적용에 능동적으로 참여(쌩 테레즈Sainte-Therese, 쌩 쟝드크르와saint Jean-de-la-Croix, 쌩 이그나스 드 로욜라saint Ignace-de-Loyola)하게 된다. 종교교단은 틀림없이 그들의 사명에 의해서뿐만 아니라 그들의 부에 의해서, 특히 토지에 의해서도 주목할 만한 역할을 한다. 땅의 95%는 왕, 귀족 그리고 성직자에 의해, 즉 소수 인구에 의해서 보유되었다. 군주 권력의 행사처럼 카톨릭 종교의 기념행사는 많은 정황에 따라 영광스럽고 호사스런 의식을 수반하였다. 여기에서 바로크적 감정에 개방적인 눈부신, 게다가 과시하는 듯한 건축의 등장에 우호적인 조건이 생긴 것이다.

이런 경향은 1680년경까지 건물의 장식, 특히 입면(산티아고 드 꼼뽀스텔라Santiago de Compostela의 로마식 대성당)에서 보인다. 평면과 볼륨의 활력은 베르니니의 제자들인 폰따나C.Fontana(1681), 혹은 콘띠니J.B.Contini(1683)같은 이탈리아 건축가들의 존재에도 불구하고 교회에는 늦게 반영된다.

그림 8-16 산티아고 드 꼼뽀스텔라의 로마식 대성당

스페인 바로크 양식 속에서 조각의 결정적 역할은 한편으로는 교회와 수도원 속에서 불같은 감동으로 지지된 대중신앙의 표현인 전통적 다색조각 생산물에 의해 지탱된 장소와 고전적 장식 언어의 지역적 해석에서 이어받는다. 이러한 화려함의 의미는 이탈리아나 프랑스의 것과는 매우 다르다. 그것은 조각가이며 건축가인 슈르리구에라J. B.Churriguera(1665~1725)에 의한 살라망카Salamanca 시의 중앙광장Plaza Mayo 주변의 건물 입면과 산 에스테반San Esteban교회(1693)의 계단 뒤의 장식 벽에 화려하게 표현되어 있다.

18세기의 첫 수십 년부터 조각으로 아름답게 꾸미는 것은 더욱 세련된 기풍과 함께 줄곧 늘어났다. 이것이 바로 아레발로L. de Arevalo가 그라나다Granada의 샤르트뢰즈 수도원Chartreuse(1727~1764)의 제의

그림 8-17 슈르리구에라의 쌀라망카 광장(1729~1733)

← **그림 8-18** 슈르리구에라의 쌀라망카
   광장의 회랑(1729~1733)
→ **그림 8-19** 슈르리구에라의 쌀라망카
   광장의 회랑에서 본 모습

실 안에 잘 표현한 '꽃이 핀 바로크baroque fleuri' 라고 불리는 양식이
다. 끝없이 다양하고 어디에나 있는 장식적 효과를 가진 이 양식의
정점은 휘구에로아L. de Figueroa(1730)가 계획한 싼루이 드 세빌리아
San Luis de Sevilla(1699~1743)교회 속의 입면에서 보이는데 조각가 꼬르
네요Cornejo와 히네스트로사Hinestrosa, 그리고 화가 마르띠네즈Martinez
와 발데스Valdes가 장식하였다.

　스페인 민간 지식인 건축은 종교건축보다는 덜 능동적이다. 수도
마드리드 밖에서 건축은 화가 브로까델Brocadel과 조각가 베르가라
Vergara의 도스 아구아스Dos Aguas궁전(발렌시아Valencia, 1750년경)의 입
면처럼 독특한 풍미를 가진 구성을 조각하는데 능란한 지방 예술가
들이 주도하였다. 왕의 가족들로 하여금 그들의 마드리드에 있는 성
을 토리노Torino왕궁의 건축가인 이탈리아인 쥬바라Juvara에게 주문하
도록 한 것은 이러한 건축의 지방적 측면일 것이다. 이 건축가는
1735년에 루브르Louvre궁과 베르사이유Versailles성의 좀 더 조형적인
입면리듬을 가진 정원 쪽 입면을 위한 베르니니의 계획에 영향을 받
은 장중한 양식의 기념비적 방안을 디자인한다.

　중세 이후로 진화의 종교건축전통을 잘 유지하면서 포르투갈은
특히 명성있는 공식적 프로그램 안에서 이탈리아로부터의 영향에

넓게 문호를 열어놓는데 이로 인하여 조아오 5세Joao V가 거대한 궁전 겸 수도원(1733~1770)을 로마바로크 모델과 함께 독일바로크 요소를 능란하게 융합시키는데 성공한, 로마에서 공부한 건축가 루드비크J. F. Ludwig(별명은 루도비체Ludovice)에게 의뢰하게 된다. 리스본 근처에서 올리베이라M. V. de Oliveira는 켈루즈Queluz소궁전을 짓는데 그 입면은 매우 정연한 로코코 액센트와 조금 강조된 돌출기둥의 육중한 양식의 보기 드문 우아함으로 명확히 분절되었다.

4. 영국식 바로크

쎄인트폴Saint-Paul 대성당에서 렌Wren에 의해 조금 강조된 특정한 바로크 외형은 反종교개혁에 반대하는 나라에서 1700~1730년경에 건축적 엘리트의 바로크운동에 대한 간단한 지지를 알려준다. 실제로 빨라디오주의Palladianism에 대하여 거리를 두고 있는 두 명의 건축가는 유럽대륙에서 능동적 바로크 경향의 복합성없이, 바로크적이기를 위하여, 표절하는 작품들 속에서 자기의 존재를 뚜렷이 나타낸다.

　그리하여 밴부륵J. Vanbrugh경(1661~1726)은 베르사이유에 응수하면서 영국의 지정학적 야망을 확인하기 위한 블렌하임Blenheim성(옥스포드셔어Oxfordshire, 1705~1724)이라는 위엄있는 왕국의 수주에 자신의 재능을 사용한다. 두 개의 날개가 극장 같은 과장된 투로 육중한 양식을 지닌 중앙 건물 몸체를 대칭적으로 둘러싸고 있다. 전체의 실루엣은 매우 대조적이고 분절되었으나 그림 같은 독특함에 대한 시도가 결여되어 의심할 나위 없이 몇몇 빨라디오Palladio의 액센트에서 비롯된 무겁고 어두운 상징성이 군림하고 있다.

그림 8-20 블렌하임 성

렌Wren의 주 협력자인 또 다른 바로크 건축가 혹스무어N. Hawksmoor(1661~1735)는 1666년 대화재 후 도시의 복구를 위한 수주를 받은 교회들에 밴부룩J. Vanbrugh의 역량보다 뛰어난 그의 독창성의 모든 역량을 쏟아 붓는다. 실제로 쎄인트앤즈Saint-Anne's교회 (1714~1725), 크라이스트Christ교회(1714~1729) 그리고 쎄인트죠오지 인디이스트Saint George in The East(1715~1718)에서 그는 교회를 고전화시키는 본체 위에 있는 유일한 탑 속에 받아들여진 규칙을 벗어난 축척의 변화를 감행하면서 고전주의적 언어요소의 결합을 집중하였다. 그는 많은 대륙의 바로크작품들에서 확산된 관능적 성격에서 매우 이격된 이상한 혼란감을 벗어나고 있다.

영국바로크의 특성은 독특한 장식 속이나 복합적이며 역동적인 공간 속에 있는 것이 아니고 깁스J. Gibbs(1682~1754)의 둥근 천장으로 덮인 순환평면으로 된 쎄인트 마틴 인더필즈Saint-Martin-in-The-Fields (런던, 1721~1726)와 래드클리프Dr. Radcliffe도서관(옥스포드, 1737~1749), 이 두 개의 작품 속에서 우리가 찾아볼 수 있는 기발한 건축언어구사의 유희 속에 있다.

이러한 양식적 자유는 1730년경에 되찾게 되는 빨라디아니즘 주창자의 기호에서 온 것은 아니다.

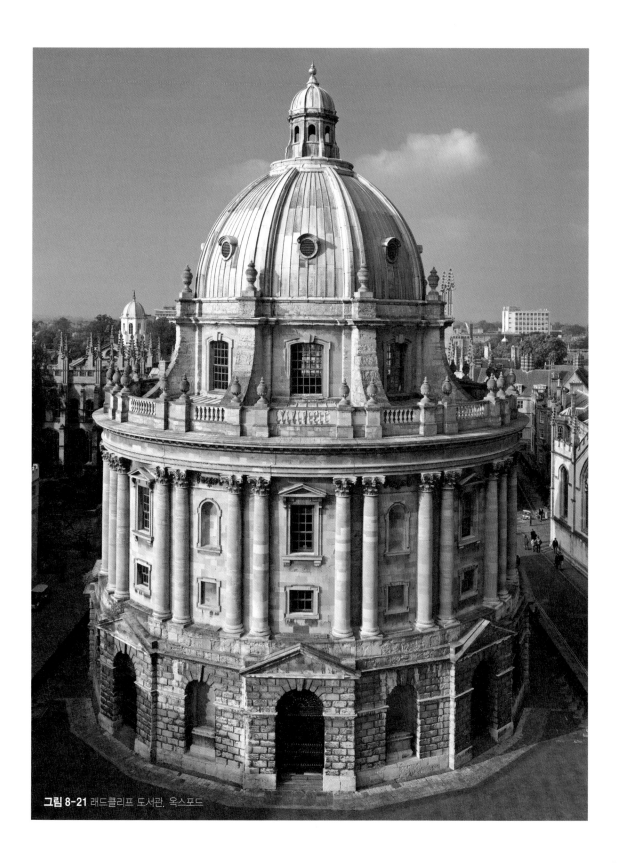

그림 8-21 래드클리프 도서관, 옥스포드

제9장

신고전주의, 빛의 건축

(1750~1820)

1. 새롭게 만든 고고학적 모델 · 2. 이론적, 구조적 합리성

3. 프랑스에서의 신고전주의 · 4. 환상을 품는 건축가들

5. 영국에서의 신고전주의 · 6. 영국에서의 신고전주의 도시계획

7. 유럽에서의 신고전주의 보급 · 8. 신그리스 양식, 'Greek Revival'

'신고전주의'는 고전주의 형태의 혁신적 재현을 의미한다. 재현의 이유는 많은 유럽국가 내에서 바로크는 고전주의의 지역적 형태보다 우위를 차지하기 때문이다. 또한 고대, 특히 고대건축에 대한 지식이 더욱 객관적으로 되었기 때문이다. 결국 사회의 요구와 이념의 세계가 변하고 혁명적 전복에까지 이르러 새로운 질서가 설립된 양식 자체를 변환시키게 되었다. 또 건축적 언어는 이러한 진화를 상징화하게 되었다.

현대적 사고를 고심하여 구상한 이 운동은 특히 기둥의 역할을 비롯한 양식의 위치가 각별한 접근대상이 된 가운데 고대 역사주의의 넓혀지고 재평가된 영역 속에서만 이해된다. "이성과 고고학은 신고전주의를 만들고 바로크로부터 구분해주는 두 개의 보완적 요소이다."라고 썸므슨J. Summeson은 《건축의 고전적 언어》에서 기술하였다.

대부분의 역사학자는 1820년경에 다른 영향력에 의하여 대체되는 고대 역사주의 속에서 이 전환기를 1750년 주변으로 보는 데 의견을 일치시켰다.

1. 새롭게 만든 고고학적 모델

르네상스 시기부터 점점 더 많은 예술가, 건축가, '문예 애호가'들이 이탈리아 여행을 하고 그곳에 정착하는 일이 많아졌다. 그래서 헤르큘라늄Herculanum(1738)과 폼페이Pompei(1748)의 발굴로 모방의 중요성이 강화되었고 고전주의 건축의 문제의식이 대두하였고 근본적인 고대 고고학의 근원은 새로운 출판의 대상이 되었다. 영국에서는 《팔미라의 폐허The Ruins of Palmyra》(1753)와 《발벡의 폐허The Ruins of Balbec》(1757)가 도킨즈J. Dawkins와 우드R. Wood가 인도하여 급속히 처리한 끝에 출간되었다. 1762년부터 스튜아트J. Stuart와 리베트N. Revett는 《아테네의 고대문명The Antiquities of Athens》이라는 3년간 측정 결과물을 출간하였다. 그 사이에 프랑스인 르흐와J.-D. Le Roy의 《그리스의 최고 미적 기념물의 폐허Les Ruines des plus beaux monuments de la Grece》(1758)가 출간되었다.

이러한 조각된 판의 기록적 가치는 그리스와 소아시아에서의 헬레니즘 확장에 적용되는 세심한 고고학적 접근을 증명하는 데 있었다. 그리하여 오스트리아 건축가 피셔 본 에를라크Fischer Von Erlach의 Entwurf Einer Historischen Architektur(1721)의 모델을 수집 발췌할 수 있게 되었다.

17세기부터 건축가들이 고전주의 고대건축과 신화적 연관 관계를 가져 거부하지 않고 과거의 양식을 포함시키면서 유럽건축사의 구성을 알리는 객관적 접근을 가능케 하였다. 그렇지만 회화적 고고학 경향은 베니스 건축가 삐라네지G. Piranesi(1720~1778)의 《고대로마Antichita Romane》(1756) 혹은 유명한 도리아식 대지인 뻬스툼Paestum을 보여주는 《고대도시 뻬스또의 일부 유적의 다양한 조망Differentes Vues de quelques restes de l'ancienne ville de Pesto》과 같은 일련의 뛰어난 조판술 속에서 극적인 과장과 함께 표현하는 방법을 찾는다. 그 영향은 괄목할만하여서 "신고전주의나 낭만주의의 모든 아뜰리에 속에서 이러한 판화를 구할수 있다"(샤스뗄A. Chatel).

그리고 1759년에 영국에서 박식한 건축가 쳄버W. Chambers는 고대와 르네상스 동안 기둥의 사용으로 인한 양식의 문제를 토론하는 내용을 담은 《민간건축에 관한 논문Treatise on Civil Architecture》을 발표하였다.

뻬르M.-J. Peyre(1730~1785)는 로마에서 온천과 원형 경기장, 아드리안 황제 빌라 등을 공부하여 기념비적인 계획안을 《건축작품Oeuvres d'architecture》(1765) 속에 소개하여 굉장한 호평을 받았다. 그리고 고고학적 출판이 이또르프J. I. Hittorff(빠리와 로마, 1830) 혹은 젬퍼G. Semper(드레스드Dresde, 1834)의 그리스 신전의 채색에 대한 작업을 넘어서까지 이어지게 되었다.

2. 이론적, 구조적 합리성

문화와 목적 그리고 그것을 사용하는 건축가의 개인성격에 따라 다양하게 연관되는 객관적인 고고학 문서자료에 대한 근심은 특히 프랑스에서 예수회 교도 마크앙뚜안느 로지에Marc-Antoine Laugier(1713~1769)의 《건축에 대한 에세이Essai sur l'architecture》(1753)에 의해 설립된 합리주의자 영향을 받은 이론작업과 동시대에 생겼다. 영어, 독어, 이탈리아어로 번역된 이 책은 후레멩M. de Fremin의 《건축비평록Memoires critiques d'architecture》(1702)과 꼬르드므와J.-L. de Cordemoy 의 《모든 건축과 건조술에 관한 새로운 논설Nouveau Traite de toute l'architecture ou l'art de batir》(1706)에 의하여 이미 예견되었다. 로지에는 베르사이유 궁전을 비롯한 건물들에 행한 신랄한 비평에서 합리주의자의 시점으로 공들여 구상한 모든 건축적 문제 속에서 기능성이 중심에 있음을 보여주었다. 그리고 그는 부르주와 계층의 생활방식에 적용된 건축적, 도시적 틀을 고심하여 제작하여야 할 진보적 부르주와 경향에 의해 특징지워진 사회 변화를 알리면서 자신의 이론적 작업을 합리화하고 있다. 그가 빠리의 도시계획적 결핍에 대한 비평은 여기에서 비롯되었다. 이 주제는 빳뜨P. Patte(1723~1824)가 화학, 수리학, 지질학, 위생학이 기능성을 보장하기 위해서 건축 프로젝트의 내용을 풍부하게 해주어야만 한다고 설명하고 있는 《루이 15세의 영광을 위해 프랑스에 건립된 기념물Monuments eriges en France a la gloire de Louis XV》(1764) 속에서 특히 다시 채택 되었다.

"더욱 적합하고 더욱 경제적인" 건축에 도달하기 위해서 듀랑J. N. L. Durand(1760~1834)은 그의 《왕립 폴리테크닉 학교에 부여된 건축수업 개요Precis des lecons d'architecture donnees a l'Ecole royale polytechnique》(1802~1805) 속에서 직교격자에 대한 기본 기하학 형상의 가능한 한 모든 결합구성을 탐구하는 구성체계를 제안하였다. 이 방법은 구조와 양식을 건드리지 않으면서 특히 독일을 비롯한 유럽 전역에서 반향을 일으켰다.

구조에 대해서 빳뜨는 구조체와 재료의 엄격한 수학적 합리주의를 강의하던 베네치아 출신 로돌리C. Lodoli(1690~1761)에 의해 도입된 과학적 방법론 경향에 대항하여 경험적 방법을 방어하게 되었다. 뻬로네J.-R. Perronet(1704~1794)와 롱들레J.-B. Rondelet(1734~1829)는 그들의 이론적 기반에 이러한 과학적 경향을 제공하였다. 토목학교Ecole des ponts et chaussees 교장인 뻬로네는 석조교량(네위이Neuilly 교량, 1770~1774)을 완성하는 데 혁신적으로 기여한 것과 쌩뜨쥬느비에브Sainte-Genevieve 성당(빵떼옹Pantheon, 1756~1790)의 매우 늘씬한 구조를 상상하면서 건축가 쑤플로Soufflot에게 도움을 주었다. 이러한 목적을 위해 그는 석재의 저항력에 대한 경험을 전달하여 현장에서 적용할 수 있도록 계산작업을 통하여 체계화하였다. 필요한 보강력을 계산한 후 쌩뜨쥬느비에브 성당을 완성한 롱들레는 그의 저서 《건축술의 이론적 실무적 지침Traite theorique et pratique de l'art de batir》

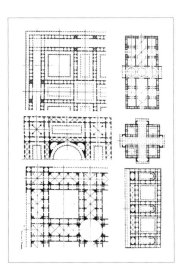

그림 9-1 듀랑(1760-1834)의 왕립 폴리테크닉 학교에 부여된 건축수업 개요 (1802-1805)

← **그림 9-2** 쌩뜨쥬느비에브 성당 내부
모형
→ **그림 9-3** 쌩뜨쥬느비에브 성당

(1802~1803)에서 수학과 물리학에 근거한 경험과 이론에 기인하면서 실무를 구성하는 과학과 이론의 필요성을 명시하였다. 그리고 제공하는 사례를 통해서 그는 체계화된 금속구조의 다음 단계 중요성을 명확하게 예고하였다. 그 사이에 몽쥬G. Monge(1747~1818)는 모든 삼차원 구조물의 제작과 시공을 보장해주기 위해 정확한 작도를 가능케 하는 시스템을 제공하는 기하학 원칙을 규정하였다.

3. 프랑스에서의 신고전주의

프랑스에서 길고도 비중 있는 고전주의 전통, 영국에서 빨라디오 양식의 활력과 다양성, 두 나라안에서 고고학적 이론적 작업의 풍부함과 독창성, 그리고 영불해협 양쪽에서 바로크 형태를 수용하는 데 소극적인 태도 등은 프랑스가 유럽에서 신고전주의적 이상을 구체화하는 데 가장 유리한 입지를 구성하게 하였다.

← **그림 9-4** 가브리엘의 콩코르드 광장 궁
→ **그림 9-5** 가브리엘의 쁘띠트리아농 뜰쪽 입면

프랑스에서 첫 왕립 건축가 가브리엘A.-J. Gabriel(1698~1782)의 작품은 과도기적 위치를 차지한다. 초기에는 고전주의의 위대한 시기의 계통에 머물러 있다가 1750년 이후에는 거대한 코린트식 기둥 위의 힘찬 아케이드를 갖춘 오늘날 빠리의 콩코르드 광장인 루이 15세Louis XV 광장(1758~1775)에 면한 두 개의 궁에서 로마네스크 같은 '고대양식으로의 복귀'에 합류한다. 반면에 베르사이유의 쁘띠트리아농Petit Trianon(1763~1768)의 순수한 형태와 엄격한 질서는 그리스 건축의 정수를 상기시킬 수 있다.

쑤플로가 짓고 로지에가 '완벽한 건축의 첫 번째 모델'로 이미 인정한 쌩뜨쥬느비에브 공회당이었던 빵떼옹Pantheon(빠리, 1756~1790)은 많은 역사학자들에 의해서 신고전주의의 선구적 건물로 인정받았다. 엔지니어 뻬로네와 롱들레의 설계경기를 필요로 했을 만큼 수주의 중요성 및 프로젝트 양식의 참신성과 그 건축적 개연성 때문에 이 프로젝트 기획은 일종의 신고전주의 실험장이 되었다. 쑤플로의 아이디어는 지어진 공간이 고딕 구조체의 약진과 그리스 건축의 충만을 상기시킬 수 있도록 고전 언어의 모양을 형성하는 것이었다. 사실상 매우 순수한 장식으로 강조되고 엄격한 코린트식 기둥 위의 둥근 천장으로 된 궁륭 천장은 내부에 귀품어린 특징의 긴장감을 조성했다.

7년 전쟁(1763) 이후 이러한 대규모 왕립 건축공사의 개발 중에 부동산 투기와 사적 수주를 통하여 쇼쎄당땡Chaussee d'Antin, 몽마르트르Montmartre 주변, 쌩제르멘Saint-Germain 지구 등 빠리에 새로운 지구의 개발을 낳게 된다. 은행, 귀족계급, 흥행물의 고객은 영국식 빨라디오 양식, 이탈리아 양식으로 섬세하게 특징지어진 고전적 언어 속에서 편안하고 구미당기는 폴리Folies(과대망상적 건물), 호텔, 별장 등을 짓기 위해서 젊은 건축가들을 불러들였다. 그리하여 바가뗄Bagatelle 별장(1777, 블라이키Blaikie의 영국식 정원과 함께), 벨랑제Th. Belanger(1744~1818)의 쎄인트제임스Saint-James 폴리(1778~1784), 브롱니아르Th. Brongniart(1739~1813)의 부르봉꽁데Bourbon-Conde 호텔(1780)이나 루쏘P. Rousseau(1751~1810)의 슬람Slam 호텔(1782~1785)에서처럼 개선문 형상과 이중 열주로 된 갤러리의 기념비적 구성이 꽁데Conde 호텔(뻬르Peyre, 1763)처럼 이삼십 년 전의 뻬르Peyre나 바일리Wailly의 특정한 대규모 프로젝트에 적용되었다.

당대 사람에 의하면 앙씨엥레짐Ancien Regime의 지난 이십 년간은 "건물 짓는 열풍이 도시에 웅대하고 장중한 분위기를 남겼다."고 한다. 실제로 빠리에서뿐만 아니라 지방에서도 기본적 볼륨으로 문이나 매끈한 기둥이 우선한 채 매우 틀에 짜인 장식으로 강조된 신고전주의 두 번째 단계의 기념비적 건물들이 볼테르Voltaire가 《빠리를 아름답게 만들기Des embellissements de Paris》(1750)에서 예견한 것이나 베르니께E. Verniquet가 1783년과 1796년 사이에 작성한 《예술가의 도면Plan des artistes》에서 예견한 것처럼 도시 정비를 가져오게 되었다.

보르도Bordeaux에서는 건축가 루이V. Louis(1731~1800)가 이러한 양식으로 여러 개의 단독저택hotel particulier과 간결하고 품위 있는 대극장(1773~1780)을 짓게 되었다. 출입문과 측면 갤러리로 환대하는 분위기인 극장은 이 신흥지역에서 한 광장을 선택적으로 차지하고 있어 건축가가 륀느Lune 항구를 향해 열린 반원형의 웅장한 광장을 계획하도록 해주었다.

프랑스에 세워진 많은 극장들은 사회적 목적을 담고 있다. 왜냐하면 모든 관객들을 그 속에 앉힘으로써 건축가들의 계급적 특권이 폐지되기 때문이다. 이러한 방식으로 뻬르와 드와일리는 떼아트르 프랑쎄Theatre Francais(1767~1782)를 설계하여 가장자리 주변도 개조하였다.

샬그랭J. F. T. Chalgrin(1739~1811)의 작품인 쌩필립뒤룰르Saint-Philippe-du-Roule 교회(빠리, 1768~1784)의 경우에는 준엄한 입구, 오

그림 9-6 떼아트르 프랑쎄(1767~1782)

그림 9-7 떼아트르 프랑쎄 주변 거리

목한 판자로 된 궁륭 천장 아래 밝게 채광된 공회당 평면의 단일 공
간, 이오니아 양식의 기둥 등 고대 양식에 신고전주의를 강요하고
있다. 이 모델은 넓게 퍼졌으나 트루아르Trouard의 쌩씸포리엥 드 몽
트레이으 Saint-Symphorien-de-Montreuil 성당(베르사이유, 1764~1770)처
럼 항상 순조롭게 완성된 것은 아니다.

4. 환상을 품는 건축가들

1730년대의 세대들은 공공수주든 개인수주든, 예를 들면 모든 종류
의 극장의 수주 그리고 공두앙Gondoin의 외과학교(1769~1775), 앙뚜
완느Antoione의 오뗄 데 모네Hotel des Monnaies, 르까뮈스 드메지에르
Lecamus de Mezieres의 고리모양의 곡물시장hall aux bles(1763~1769) 등에
서 독창성을 갖고 작업을 하였다. 그 중에서도 두 명의 건축가가 매
우 이상주의적이며 과감하게 앞을 내다보는 방법으로 유달리 눈에
띄게 되었는데 그들이 바로 불레E. L. Boullee(1728~1799)와 르두C. N.

Ledoux(1736~1806)이다.

불레는 1763년과 1783년 사이에 가장 창의성이 풍부한 평면과 입체를 소유한 브뤼누와 저택Hotel de Brunoy 등 몇몇 단독저택만을 지었을 뿐이었다. 그가 기여한 바는 주로 학술적이고 이론적인 것이었다. 그의 저서《건축, 예술에 대한 에세이Architecture, essais sur l'art》에서 그는 시민들의 감성을 형성하고 감동시킬 수 있는 상징을 지닌 현대적이고 표현적인 건축을 구상하는 데 필요한 기본적이고 원초적인 건축모델로의 회귀를 주창하였다. 꽁디악Condillac의 감각주의자적인 철학이 대도시Metropole(1781~1782), 박물관Museum(1783), 왕립도서관Bibliotheque royale(1784~1785) 계획안 속에서 반향을 찾았다. 공공연하게 기초적인 이 형태들의 규모는 비극적인 그림자가 늘어

그림 9-8 불레가 구상한 박물관(1783)

← **그림 9-9** 르두, 쇼의 소금공장, 공
　　장장의 집
↗ **그림 9-10** 르두, 쇼의 소금공장
↘ **그림 9-11** 르두, 쇼의 소금공장 입구

뜨려지고 엄청난 기둥들이나 둥근 천장 아래 사람들을 짓누르고 있
었다. 실행할 모델들은 아니지만 숭고한 의미를 고취시키고 감동시
키는 꿈같은 모습들이었다.

　환상을 품기는 르두Ledoux도 마찬가지였으나 명목이 달랐다. 그
는 빠리와 그 주변에서 많은 개인수주를 실행하여 알월저택hotel
d'Hallwil(1766), 기마르Guimard, 몽모렁씨Montmorency(1772), 타하리
Tahary, 자르낙Jarnac(1780), 뒤바리Du Barry 부인의 별장(루브씨엔느
Louveciennes, 1771), 뒤바리 부인의 마구간(베르사이유, 1772) 등을
완성하였다. 입구 개선문의 개구부 속의 길에서부터 그리고 영국식
정원의 작은 숲과 자갈 밭으로 된 후원평면에서 보이는 뗄루쏭 저

택hotel Thelusson(빠리, 1781)은 자연의 감각을 지닌 채 고대건축에 신고전주의의 합리성을 모두 소화하며 조합하는 건축의 완성을 표현하였다.

르두가 가장 뛰어난 작품들을 만들어내는 것은 왕립건축가로 활동하면서였다. 쇼Chaux의 소금공장Saline(후렁슈꽁떼Franche-Comte, 1774~1779)은 반원형 평면 위에 중앙부에 위치한 저택이자 성역인 공장장의 집을 세웠다. 정반대의 원호상에 위치한 소금공장의 입구건물은 도리아식 기둥과 동굴모양으로 제작된 둥근 벽으로 구성되었다. 공장건물들의 경우는 현학적인 건축과 지방 농촌건축을 일치시켜놓았다. 그리하여 이상적 고대건축의 합리성과 산업적 프로그램의 합리성이 자연 같고 그림 같은 낭만적인 기호와 함께 슬그머니 구성되었다.

르두에게 이 건물은 이상적도시의 싹이었다. 1775년부터 그는 미래의 거주자들로 하여금 그들이 거주하는 동안 자연과 함께 조화롭게 살 수 있도록 해줄 도시의 다양한 사회적 기능을 수용하는 데 예정된 건물들을 계획했다. 이러한 이상주의자적 진행과정뿐 아니라 빠리의 출입세 징수관문Barrieres d'octroi(1784~1789)에서 사용한 뛰어난 기교 속에서 르두는 지속적으로 놀랍고 황홀하기까지 한 환상을 품는 작가였다.

↑ **그림 9-12** 출입세 징수관문
(1784-1789), 나씨옹
↓ **그림 9-13** 출입세 징수관문
(1784-1789), 몽쏘

5. 영국에서의 신고전주의

미국 대륙에서의 식민지 분쟁과 정치적 경쟁은 영국과 프랑스 사이의 고대건축에 대한 구미와 지식에 대한 교감을 방해하지는 못했다. 많은 프랑스의 건축가들이 유럽 구석구석에서 일을 하고 이탈리아의 예술가, 장식가, 건축가들은 영국에서 흔히 일을 한 반면에 한 나라의 건축가들이 다른 나라에서 실무를 하지 않았으면서도 유럽의 예술적 중심 교차로인 로마뿐 아니라 본국에서도 상호 접촉과 교환이 많았다. 두 모델의 검토는 우리가 비슷한 방법으로 그것들을 인식하는 것을 의미하지는 않으며, 게다가 이러한 모델의 예술적 개입은 각국의 각기 다른 문화적 맥락에서 확실히 이루어졌다.

1710년과 1750년 사이의 영국건축문화는 빨라디오 주의palladianisme에 의해 지배되었다. 1830년경까지 오래 지속된 이러한 상황은 풍요롭고 안정된 정치와 경제성장 기간과 일치하였다. 동시에 영국은 유럽에서 더욱 넓게 알려진 예술적 독창성을 요구하게 되었다.

빨라디오Palladio를 참조하는 것은 비트루비우스Vitruvius라는 고대의 기본적인 원천을 향한 일종의 릴레이 중계역인 셈이다. 그리하여 1715년에 출간된 캠벨C. Cambell의 《영국의 비트루비우스Vitruvius Britannicus》는 조지1세George I에 바쳐져 그가 로마사람들에 의해 전수된 건축적 전통의 특권 있는 행동자인 영국으로 하여금 이탈리아를 대체할 수 있도록 해주었다.

부를 장악하고 있는 귀족계급은 농촌저택country houses을 지으면서 그들의 소유권을 행사하고 그들 영역의 관리중심과 자신의 우월성을 확인하였다. 빨라디오의 빌라 로톤다를 모방한 캠벨(1676~1729)의 미어워쓰 성Mereworth Castle(1723)과 벌링톤Burlington 백작의 치스웍

저택Chiswick House(1720~1753)은 정복적인 빨라디오 주의의 모범사례가 되려했다. 두 번째로 이 모델은 외부계단의 복합적 배치로 거주 가능성과 기념비적 성격을 증대하도록 계획되었고 켄트가 설계한 첫 번째 경관 있는 정원 중 하나와 연결되도록 하였다.

이어서 건축가 테일러R. Taylor(1714~1788)와 페인J. Paine(1716~1789) 혹은 호가르쓰Hogarth 주변을 중심으로 한 예술가들이 매우 엄격한 빨라디안 원칙을 찾게 되었고 더욱 창조자적인 자유를 숨쉬게 되었다. 그래서 기다렸던 개방은 우리가 본 바와 같이 환상을 품는 합리주의에서 유래하는 이론적 태도와 고대건축의 근원으로의 회귀로 지지된 신고전주의 방향으로 가게 되었다. 문화영역이 중국까지 이르는 체임버즈W. Chambers(1723~1796)는 이러한 경향을 완화시키기 위하여 잘 자리 잡았으며 게다가 빨라디오 전통성에 대항하기도 하였다. 이러한 정신으로 그는 큐Kew 공원(런던, 1757)에 이국적이며 고대시대의 건조물을 세우고 도리아 양식의 마리노Marino 카지노(더블린, 1758)를 세웠다. 사무소 및 다양한 서비스 기능을 지닌 중요하고 복합적인 공공수주인 소머셋하우스Somerset House로 그는 완숙한 기능성과 특히 프랑스 고전주의로 표현된 입면을 조화시켰다. 로버트Robert와 제임스 아담James Adam 형제(1728~1792 그리고 1730~1794)들은 《농촌저택country houses》에서 전통적 건축장식 대신에 고대건축으로의 회귀를 알리려는 양식을 만들면서, 바닥과 가구장식과 일치되는 초록, 노랑, 붉은 보라색으로 칠한 바탕 위에 기괴한 문양을 바탕으로 한 우아하고 빛나는 분위기를 사용하면서 그들의 명성을 일으켰다.

신고전주의를 영국에서 순수한 언어로 찾은 것은 댄스주니어G. Dance Junior(1741~1825)로 먼저 그는 뉴게이트New Gate 형무소(런던,

그림 9-14 쏘운이 설계한 자택 겸 박물관(1812)

1769)에서 벽은 거의 막혀있고 돌벽에 불쑥 두드러지게 조각한 무늬로 되어 무지막지한 힘을 가진 '이야기하는 건축'을 선보였다. 그와 반대로 댄스는 로마 공중욕장 방식이지만 선적인 쇠시리망으로 완화된 크랜드버리 파크Crandbury Park 거실(1778)의 둥근 천장을 설치할 능력이 있었다.

신고전주의를 가장 창조적으로 도입한 사람은 건축가 쏘운, Soane(1753~1837)인데 자택 겸 박물관이 그의 대표작이다. 그가 설계한 영국은행은 고대 건축식 궁륭 천장으로 덮인 방, 즉 거대한 증권사무소Stock Office(1792) 혹은 구식민 사무소Old Colonial Office(1818)에서 간접 자연채광이 양식적 배경이 없는 구조로 된 추상적인 형태를 신비롭게 둘러싸준다. 이러한 공간에서 발생하는 건축적, 기능적 합리성은 이 기관들에 연관된 상징성을 뚜렷하게 형성한다.

6. 영국에서의 신고전주의 도시계획

← 그림 9-15 킹즈 서커스의 입면
→ 그림 9-16 존우드가 설계한 킹즈 서커스(1764)

동시에 투자자이며 시공자이기도 한 특정 영국건축가들은 자연적이거나 회화적인 멋을 포기하지 않고 신고전주의 경향으로 고안된

그림 9-17 로얄 크레센트 건물 진입부

도시현대화 작업 전체를 완성하였다. 예를 들어 존우드John Wood와 그의 아들에 의해 1727년과 1770년 사이에 실행된 바쓰Bath 시의 도시화작업이다. 그들은 중세 작은 마을에서 유행에 맞는 물의 도시로 만들어 퀸즈 스퀘어Queen's Square, 킹즈 서커스King's Circus(1764), 그리고 로얄 크레센트Royal Crescent(1769)의 빨라디오 양식의 입면과 개방적인 거대한 광장에 질서와 쾌적함을 안겼다.

아담 형제는 좀 더 조촐하게 런던에서 테임즈 강에 잘 자리잡아 거의 기능주의자의 개념으로 된 도로망으로 잘 접근되는 열한 개의 집합주택으로 된 아델피 테라쓰Adelphi Terrace(1768~1772)를 실현한다. 이어서 실제적인 도시 개조작업이 런던에서 존 네슈John Nash (1752~1835)에 의해 수행된다. 그는 사람들을 현혹하는 건물들(체스터 테라스Chester Terrace, 컴버랜드 테라스Cumberland Terrace 등, 1820)로 둘러싸인 리전츠 파크Regent's Park와 북쪽에서 남쪽으로 2km에 걸친 왕자의 저택인 칼톤테라스Carlton Terrace 사이에 원래 도로의 굴곡을 유지하면서 리전트 스트리트Regent Street(1813~1830)를 정돈한다. 그는 여기에서 자발적이며 실용적이고 괄목할 만한 도시계획의 교훈

그림 9-18 로열 크레센트 – 넓은 녹지를 바라보며 초승달(크레센트) 모양으로 배치된 주거 모습

그림 9-19 존네슈가 설계한 컴버랜드 테
라스(1820)

을 주었다. 개념적으로는 영국식 정원에 가깝고 유럽 대륙에서 적
용된 엄격한 축을 살린 계획, 즉 빠리의 뻬르씨에Percier와 퐁뗀느
Fontaine에 의한 리볼리Rivoli 거리(1803년부터) 혹은 칼스루에Karlsruhe에
서 바인브레너F. Weinbrenner에 의한 1783년부터 1826년까지 시 확장
계획에서처럼 상대적 창조작업 사이에서 대조는 극을 이루었다.

그러나 문화적 지지기반을 넘어서도 이러한 건축가—투자가—시
공자들이 19세기에 사회적 내용물과 도시경관을 구성하는 데 결정
적인 역할을 수행하고 도시건물과 주거건축을 설립하는 데 기여한
내용은 주목할 만하다.

7. 유럽에서의 신고전주의 보급

신고전주의는 17세기 말부터 1820년대 혹은 그 이후까지도 전 유럽
국가에 걸쳐 거의 깊숙이 관여했다.

로마를 무게중심으로 삼고, 이탈리아는 고전문화의 모델로서 대
단히 중요한 중심임에도 정치, 경제적으로 약화된 채 더 이상 영향
있는 창조기반이 아니었다. 베니스나 로마에서는 나폴레옹에 의해
중요한 계획들이 추진되어 호화빌라의 설립자인 발라디에G.
Valadier(1762~1839)와 구분되었다. 나폴리에서는 니꼴리니A.
Niccolini(1772~1850)가 상당히 무겁게 구성된 싼까를로San Carlo 극장
(1810~1811)을 세웠고, 라뻬루따L. Laperuta, 드시모네A. de Simone, 그
리고 비앙키P. Bianchi가 아드리안 황제 빵떼옹Pantheon(1809~1831)에
서 직접 영향 받은 싼프란체스코 디빠올라San Francesco Di Paola 교회당
여기저기에 연결된 기둥들로 이루어진 거대한 곡선 광장을 구상했

그림 9-20 드빌라누에바가 설계한 프라도 박물관(1785~1819)

다. 밀라노의 건축은 복잡한 입면과 함께 매우 점잖은 신고전주의지만 건축가의 빌라(1813~1833) 같이 기념비적인 삐에르마리니G. Piermarini의 스칼라Scala 극장(1776~1778) 혹은 까뇰라L. Cagnola의 티치네즈Ticinese 문 등이 증명하듯이 18세기 중엽부터 줄기차게 활동했다. 또 밀라노에서 반띠니R. Vantini는 르두Ledoux의 영향을 받아 베네치아 문을 계획하기도 했다.

스페인에서는 드빌라누에바I. de Villanueva가 마드리드의 주거지역 안에 계획한 프라도Prado 박물관(1785~1819)이 수도에서 왕이 주도한 미화작업의 대표작으로 꼽힌다.

그리스에서는 아테네에서 대학교(1839~1849), 아카데미(1859~1887) 같은 주요공공건물을 건립한 덴마크인 한센Hansen 형제에 의해 신고전주의가 늦게 도입되었다. 그러나 또 다른 덴마크인 크리스티안 프레데릭Christian Frederik은 시청-법원-형무소 복합건물(1803~1816) 그리고 특히 대성당(1811~1829) 같이 '프랑코-프러시아 양식'으로 된 가장 두드러진 작품들을 코펜하겐에 건립하였다.

아테네에서 한센 형제에게 입지를 제공하게 될 독일의 신고전주의는 순수한 조각, 기둥, 돌출벽, 부조 등으로 리듬을 맞춘 짙은 황

← **그림 9-21** 엥겔이 설계한 헬싱키 하
원광장(1818~1822)
→ **그림 9-22** 로씨가 설계한 겨울궁전,
사도브니코브Sadovnikov의 수채화
(1844)

색 입면으로 된 대성당(1818, 1830~1851), 대학교(1828~1832) 등으로 둘러싸인 헬싱키 하원 광장(1818~1822) 전체를 계획한 엥겔C. L. Engel(1778~1840)이라는 사람에게 뿌리를 박는다. 이 색채의 사용은 빠리나 로마로부터 온 건축가, 형태, 그리고 아이디어의 영향을 받은 쎄인트 페테르스부르그Saint-Petersbourg와 모스크바의 신고전주의로 유명한 중심지를 형성하는 많은 건물들에 특성을 부여해준다. 그리고 1765년부터 발렝들라모뜨J. B. M. Vallin de la Motte는 쌩페테르스부르그Saint-Petersbourg에 미술원을 건립했다. 세기가 바뀔 무렵 빠리에서 샬그랭Chalgrin과 함께 공부한 자카로브A. D. Zakharov(1761~1811)는 거대한 해군성 복합기지(1806~1815)를 세웠는데 그 입구는 위세가 당당하게 잘 표현되어 프랑스의 혁명기간 중의 몇몇 프로젝트를 상기시킨다. 그러나 로씨K. I. Rossi(1775~1849)가 겨울궁전(1819~1849), 하원과 공회의(1829~1834)의 입면을 구성한 것을 보면 빨라디아니즘의 빛깔을 띤 양식임을 알 수 있다. 모스크바에서는 콰렝기Quarenghi, 카자코브Kazakov, 그리고 아르구노브Argunov가 완성한 세레메테브Cheremetev 궁전(1791~1798)처럼 귀족계급이 거대하고 화려한 저택들을 짓게 되었다.

8. 신그리스 양식, 'Greek Revival'(1800~1830)

유럽의 신고전주의를 구성하고 있는 것들 중의 한 가지 중에 고대건축 모델을 사용하는 신그리스 양식Neo-Grec 혹은 그릭리바이벌Greek Revival이 있는데 그리스 도자기 벽화에서 끄집어낸 가구나 정원 속의 '아테네식' 물건들로서 1750년에서 1760년대에 영국에서 시작되었다. 세기가 바뀔 무렵 몇몇 건축가들은 아테네 아크로폴리스 언덕의 프로필레스Propylees 신전에서처럼 회귀하는 주제를 연출하기 위해서 체계적으로 도리아식 기둥을 사용하였다. 이러한 경우는 윌킨스W. Wilkins(1778~1839)가 다우닝컬리지Downing College(케임브리지, 1806) 입구에서, 해리슨(1744~1829)이 체스터 성(1810)의 진입구에서 그리고 에딘버러 고등학교(1825)를 지은 해밀턴Th. Hamilton(1784~1858)이 이 시를 '북쪽의 아테네 시'로 만들면서 선 보여주었다.

신그리스 양식은 건물, 구역, 그리고 도시에 기념비적 질서뿐만 아니라 천년 문화의 역할을 유지시키는 분위기를 제공했다. 이러한

그림 9-23 신그리스 양식, 해밀턴이 설계한 에딘버러 고등학교(1825)

그림 9-24 랑간이 발췌한 도리아 양식으로 그려진 베를린의 브란데부르그 개선문(1789~1791)

상징적 가치는 독일의 국가단위를 구상할 무렵에 베를린과 뮌헨의 두 도시에서 국가적 차원으로 채택되었다. 랑간K. G. Langhans(1732~1808)이 발췌한 도리아 양식으로 그려진 베를린의 브란데부르그Brandebourg 개선문(1789~1791)은 슁켈K. F. Schinkel(1781~1841)의 가장 놀라운 프로젝트 중 세 개의 공공건물을 예견해주었다. 먼저 왕실 경비대 (1816~1818)는 장식이 없는 건물로 기초부분 받침 없이 힘 있게 세워졌고 일률적으로 육각형 도릭식으로 된 회랑이 전면에 나타났다. 또 국립극장 혹은 쇼스피엘하우스Schauspielhaus(1818~1821)에 대해서는 슁켈이 "프로젝트의 복합성이 허용하는 만큼 그리스 건축의 형태와 구조방식을 흉내 내는 것"이라고 말했다. 여기에서 우리는 추상적 외부 입체가 프로그램을 시사하지만 무한한 장식적 원천으로 내부를 풍요롭게 하는 입체로 된 보편화된(이 경우에는 이오니아식 기둥) 고대건축 문화의 자료를 활용하면서 건축을 확장시켜가는 신고전주의의 정신을 확인할 수 있다. 끝으로 알트Altes 박물관 (1823~1828)의 계획방침은 폐쇄적이며 명확하지만 기둥으로 된 로톤다 주변의 배치는 더 유동적이고 열여덟 개의 이오니아식 기둥으

그림 9-25 알트 박물관(1823-28), 베를린

↖ **그림 9-26** 왈할라
  (라티스본, 1830-1842) 원경
↗ **그림 9-27** 왈할라
  (라티스본, 1830-1842) 내부
↓ **그림 9-28** 왈할라
  (라티스본, 1830-1842) 전경

로 된 커다란 입구는 더욱 환대하는 분위기이다. 뮌헨(독일국가의 수
도를 구상할 때 베를린과 경쟁을 벌임)에서 슁켈에 대응한 사람은 본클
렌쯔L. Von Klenze(1784~1864)인데 그는 프랑스에서 듀렁J. N. L. Durand
과 드뻬르씨에de Percier와 퐁뗀느Fontaine에게서 사사했다. 그는 고고
학에 대한 자신의 능력을 한껏 발휘하였는데 그 첫 작품이 고대조석
진열실Glyptotheque(1816~1834)이었다. 이 첫 번째 공공 조각박물관은
8주식 이오니안 신전형태의 건물 축에 의해 꾸며진 수평형 건축물

이다. 근처에는 일종의 개선문인 프로필레Propylees(1846~1860, 당시에 크게 유행되던 기념물)가 그리스와 바비에르Baviere 사이의 정치적 군사적 화합을 기념하기 위해서 도리아 양식으로 세워졌다. 신그리스 양식과 독일의 애국주의가 공모한 가장 의미 있는 기념물은 르겐스부르그Regensburg에 있는 왈할라Walhalla(라티스본Ratisbonne, 1830~1842)이다. 이것은 파르테논Parthenon을 복제한 듯한 형태로 클렌쯔Klenze에 의해 다뉴브Danube 강가에 거대한 계단받침 위에 올려놓여있다. 실내에는 여러 색의 대리석이 화려한 장식으로 침략자, 특히 라이프찌히Leipzig에서의 나뽈레옹 군(1813)을 물리친 독일의 영웅들의 영광을 기리는 장식으로 꾸며놓았다. 이 모작은 보편적 가치로서 계획된 고대 건축문화에 대하여 독일 문화를 동일시하는 것을 깨닫게 하면서 독일전사와 페르시아, 즉 바르바르를 정복한 그리스인 사이에 조화를 형성하고 있다.

· 제10장 ·

19세기 건축

역사주의와 공업의 사이에서

1. 다수의 역사주의자들

2. 건축과 공업

3. 도시계획에 대한 여러 가지 생각

4. '아르누보'의 해방

1. 다수의 역사주의자들

19세기 건축가들은 이국적인 문화와 그 나라 고유의 보고는 말할 것도 없고 고대와 최근에 확인된 중세의 형태에 이르는 여러 범주의 양식을 소유하였다. 이렇듯 풍부한 양식에 따르는 각자의 여러 입장 이상으로 건축가와 종종 그들의 건축주들은 실질적으로 두 개의 주된 영향권을 가진 역사주의자로 나뉜다.

그 첫 번째 영향권은 편의상 신고딕식이라 불리는 것으로 보통 고딕식 중세건축을 다시금 재현하며 그 위에 현대성을 부여한다. 그리고 이때 기능적인 프로그램을 위하여, 기술적이거나 미학적인 문제들을 해결하기 위하여, 그리고 종교적 선택이나 정치적으로 동일한 갈망을 표현하기 위하여 회화적인 것과 향수를 간직하기도 하고, 이성적인 접근에 특권을 부여하기도 한다. 신고딕식의 지리적 위치는 역사상의 고딕건축의 지리적 위치에 대체적으로 부합된다.

두 번째 영향권은 스타일의 역사를 하나의 집합으로 여기는 절충주의를 실행한다. 이러한 집합으로부터 그 기능과 상징적인 가치와 연관이 있든 없든, 우선 하나의 건물의 이미지를 밝히기에 적절한 도구로 쓰이는 양식을 마음껏 끄집어낼 수 있다. 이것은 종종 아카데미즘에 가까운 형식주의가 문제 되고 이는 유럽 전역에 적용된다.

(1) 고딕양식의 복귀

19세기에 신고전주의 사상과 작품들이 유럽에서 지배적이기는 하였으나 이들이 독점적인 것은 아니었다. 수플로Soufflot는 13세기의 위대한 건축물의 구조를 연구하였고, 고전주의의 이론가인 블롱델

J.-F. Blondel은 이와 같은 건축물이 지니고 있는 대담성을 '시민 건축 강의Cours d'architecture civil'(1771~1773)에서 찬미하였고, 로지에Laugier도 같은 의견을 가지고 있었다. 게다가 건축 방식은 무엇보다도 1732년에서 1755까지 수리된 느와용Noyon 성당의 경우처럼 여러 세기가 지난 오래된 유적들을 유지하기 위하여 오래 지속되었다. 17세기에서 19세기까지는 종종 중세 말에 고딕양식으로 세워지기 시작된 교회들, 예를 들어 쌩제르망 데 프레Saint-Germain-des-Pres, 꼬르비Corbie 수도원(쏨Somme), 볼로뉴Bologne(이탈리아)의 산페트로니오 교회San Petronio de Bologne가 고딕양식으로 완성되었다. 이 시기에 프랑스에서 고딕양식은 일반인이나 교양 있는 아마추어 애호가에게조차 제한적 관심도 끌지 못한 체 예술가와 정치가에만 국한되어 기술적이고 실질적인 관점에서만 고려되었다.

(2) 영국에서의 신고딕 양식: 회화적인 것에서부터 사회비평에 이르기까지

영국에서는 고딕 양식에 대해 우선적으로 역사학적이고 고고학적인 접근이 이루어졌다. 그것이 바로 학자들(Societe des antiquaire, 1707)과 잡지계(Archeologia, 1770)의 수많은 석학들, 예를 들면《쎄인트폴 성당의 역사The history of St Paul's cathedral》(1658)를 쓴 더그데일 경Sir W. Dugdale(1605~1686)과 같은 석학이 한 일이었다. 이러한 중세 연구는 1750년경에 회화적인 건축으로 이르게 하였다. 교양 있는 예술애호가인 월폴H. Walpole은 자신을 위하여 전적으로 고대건축을 모방한 '고딕식' 대저택인 스트로우베리 힐Strawberry Hill(1753)을 지었다. 기호와 신비주의 숭배로 독특한 인물이었던 벡포드W. Beckford

는 절충주의의 거장으로 알려져 있던 와이어트J. Wyatt에게 부분적으로 폐허가 된 고딕 양식의 수도원 형상을 한 거대한 농촌저택을 지어줄 것을 요구했다.

19세기의 전반기에 이르러서는 이러한 중세풍의 이국적 회화는 논쟁을 불러일으키는 여지가 많은 신고딕 양식에게 자리를 내어 주었다. 이러한 신고딕 양식의 목표는 거대한 산업발전이 가져왔던 혼란, 특히 경제와 노동조건, 사회관계, 문화적 태도, 그리고 도시 풍경에 있어서의 혼란을 바로잡고자 하는 것이었다.

이와 같이 점진적으로 변화함에 있어서 가장 단호한 행동을 취한 사람은 아마 퓌겡A. W. N. Pugin(1812~1852)으로, 그는 《대조 혹은 평행Contrasts, or a Parallel》(1836)과 《뾰족 건축 혹은 기독교 건축의 실제원칙True Principles of Pointed, or Christian Architecture》(1841)과 같은 그의 출판물을 통하여 첫 번째로 확고한 행동을 취하였다. 그는 자신의 저서에서 종교와 고딕 양식 간의 완벽한 합치를 강조하며, 이러한 합치는 단순한 복사 수준에 머물러서는 안 된다고 말하였다. 그의 저서에서 그는 중세 건축의 여러 양식을 연구하며 14세기와 15세기에 있어서의 사회 모델을 찾았다. 그는 또 공업설비로 인해 도시의 부지가 급작스럽게 사라지는 사례를 보여주기도 하였다. 퓌겡의 몇몇 논조들은 중세를 참조하여 물체와 장식 간의 필연관계를 설교하고, 산업 작업에 고유한 인간적 예술적 타락을 특징으로 하는 수공업의 미학적이고도 정신적인 가치를 대응시키는 러스킨J. Ruskin(1819~1900)의 논조와 가까웠다. 그러므로 모델로서의 중세는 종교적, 도덕적, 인간적, 국가적, 미학적, 그리고 구조주의적 관점에서 인지되었다.

퓌겡은 유선형 종탑을 갖춘 여러 교회에서, 특히 베리C. Barry의 지

그림 10-1 존러스킨 구름과 나뭇잎 스케치(1860)

휘 아래서 1840년에서 1865년까지 재건축된 런던 국회의사당의 정면의 윤곽과 배치에 있어서 그의 여러 문제를 야기시키는 의심스러운 신고딕주의를 구체화시켰다. 사적, 종교적, 제도상의 신고딕 양식의 건조물은 1870년경에 이르기까지 그 수를 헤아릴 수 없을 정도로 많이 지어졌다. 그 중에는 무엇보다도 버터필드W. Butterfield(1814~1900)가 지은 교회들과 런던의 올세인트 교회All Saints Church(1849~1859) 등이 있다. 외부는 장식이 배제되어 간결하나 그 내부는 많은 색으로 채색된 이와 같은 교회들은 빅토리아 시대에 스트리트G. E. Street가 지은 교회들 가운데 하나인 쎄인트 제임스-더-레스St. James-The-Less(런던, 1860) 교회당과 마찬가지로 교회론자들이 갖는 성심을 잘 드러냈다.

게다가 퓨겡과 러스킨이 가졌던 몇몇 이상들은 러스킨의 제자인 모리스W. Morris(1834~1896)에 의해 1861년 창설된 여러 상업회사에서 유형화되었다. 1888년 예술 공예 전시회사Arts and Crafts Exhibition Society가 조직됨으로써 이러한 흐름에 반향을 주었다. 가구와 직물, 벽에 거는 카펫, 그리고 그림유리창의 생산이 기꺼이 그러한 수공업을 통하여 이루어졌고 중세의 모델로부터 영감을 받았다. 모리스는 당시 작업이 기계화되는 것을 사회주의가 막아서 수공업 생산자에게 결과적으로 이득이 되리라 생각했다. 그러나 1900년을 전후하여 예술공예Arts and Crafts라는 운동이 런던의 리버티 가게Magasins Liberty에서 기계로 만들어진 단순하면서도 실용적이며 가격이 저렴한 가구를 선보였다. 《더스튜디오The Studio》(1893)라는 잡지는 관념론적이라기보다는 오히려 실용적인 이러한 신경향을 지지하였다. 동시에 보이세이Ch. A. Voysey(1857~1941)라는 건축가는 허트포드셔어Hertfordshire에 있는 '과수원The Orchard'이라는 그의 집에서 특별히 설

그림 10-2 윌리암 모리스의 판화(1891)

그림 10-3 윌리엄 모리스의 붉은 집(859~1960)

립자들의 중세 찬양주의와 거리를 두고 자신의 고장 나름의 간결하고도 우아한, 그와 동시에 현대적 생산기술을 통합한 형태를 설계한다.

(3) 독일에서의 신고딕 양식과 민족주의

영국인 카터J. Carter(1748~1817)가 고딕식 건축에서 《자국의 건축Our national architecture》을 발견했듯이, 괴테Goethe(1749~1832) 또한 스트라스부르Strasbourg 성당 앞에서 흥분하여 쓴 그의 책 《Von deutscher Baukunst》(1772)에서 고딕양식은 "독일식 건축, 우리의 건축"이라고 주장했다. 고전주의 문화로 빚어진 국민적 시인은, 중세 건축에 대한 이러한 낭만적인 이해를 통해 이제부터 중세 문화를 합병할 것임을 대중에게 알렸다. 이는 기독교적, 게르만 민족적 가치를 나폴레옹 군과의 전쟁으로 인해 활기를 띠게 된 애국심에 병합하는 것과 마찬가지였다(《Neu-deutsche religios-patriotische Kunst》, 1817, 메이예H. Mayer 저 참고). 신고딕 양식의 미덕은 종교와 국가주의(나폴레옹의 정복과 프랑스 혁명으로 인해 격화됨)에 도움이 되었다. 반면, 신고전주의의 미덕은 합리주의적이고 진보주의적인 개화를 겨냥했다. 19세기 유럽에서 이렇듯 이중으로 관념론에 머물렀던 것은 당시 유럽의 복합적 문화를 잘 드러내 보이며, 쉥켈이라는 건축가의 생각을 특징짓는다. 그는 가상의 성당들을 낭만적 시각으로 표현하기도 하고(1813~1815), 결국은 벽돌로 지어지는 베를린에 위치한 프리드릭 베르데르세Friedrich-Werdersche 성당(1821~1830)을 고전주의 스타일로 형태를 바꿔보기도 하며, 14세기 독일 고딕 양식에서 유래한 스타일로 바꿔보기도 하였다. 사실, 쉥켈은 끊임없이, 그리스

예술과 고딕 예술 간의 종합을 시도하였다. 고딕 양식의 복귀에 있어서 역사학의 가장 큰 역할은 쾰른Koln 대성당(1842~1880)을 완성하였던 것이다. 이 성당은 쯔비너E. F. Zwiner(1802~1861)가 지휘를 맡고, 지식층의 보증과 대중의 지지를 획득했던 브와쓰레S. Boisseree의 주도하에 건축되었다.

이와 때를 같이하여 지엽적 고딕전통에 대한 우려와 함께 뮌헨에 있는 올 뮐러J. D. Ohl-Muller의 마리아힐프커셰Mariahilfkirche(1831~1839), 함부르크의 드사또뇌프A. de Chateauneuf와 페르센펠트H. P. Fersenfeldt에 의한 페트리커셰Petrikirche 등 수많은 성당들이 세워졌다. 결국, 회화

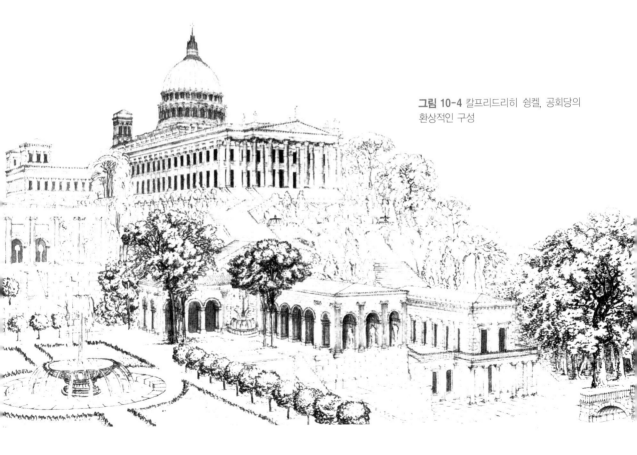

그림 10-4 칼프리드리히 슁켈, 공회당의 환상적인 구성

적 건축 양식은 하제C. W. Hase와 오플러E. Oppler에 의한 마리엔버그 Marienburg 성(Basse-Sexe 소재, 1831~1880)과 같은 건축물에 쓰인다.

(4) 프랑스에서의 신고딕 양식: 세습적이고도 합리적인 자각

앞에서 이미 보았듯이, 고딕건축은 프랑스에서 이미 오래전부터 논의되어 왔었다. 그러나 회화적Pittoresque인 것에 대하여서는 전혀 논의가 없었다. 게다가, 프랑스 혁명은 역사적으로 종교와 왕정과 불가분의 관계에 있는 이러한 양식에 대립되었으며, 이는 불가피한 것이었다. 나폴레옹의 제1제정 때는 로마제국이 건축의 모델이었으며 중세에 대한 지식은 특히 건축에 있어서 초보단계에 머물러 있었다.

따라서 이때 비록 나폴레옹의 제1제정이 그럭저럭 종교를 감수해내야만 했으며, 샤또브리앙이 쓴 기독교의 정수le Genie du Christianisme는 국가적 고딕건축이 종교 예식에 합치됨에 찬성한 것과 마찬가지로 철학과 회화적인 특성에 호의적이었더라도, 고딕양식의 복귀는 왕정복고와 때를 같이 하게 된다. 드꼬몽A. de Caumant의 저서 《중세 종교건축에 대한 에세이L' Essai sur l' architecture religieuse du Moyen Age》(1824)는 그 과학적 근거를 중세 고고학에 두는 반면에 위고Hugo의 소설 《노트르담의 꼽추Notre-Dame de Paris》(1831)는 지역 학자계층들에 의해 계승된 고딕에 대한 관심을 더욱 대중적으로 확장시켰다.

이와 같은 추세로 인해 사리적 목적으로 건물들을 파괴하던 당시의 악습은 중지되었다(Cluny수도원의 예). 그리고 역사 유적에 대한 일반적 감찰을 전문으로 하는 기관이 설립되기도 전에, 1830년에 유적에 대한 복구와 수리가 시작되었다. 쌩드니Saint-Denis 수도원 (1813~1846)이 드브레F. Debret에 의해서, 그리고 1847년 이후에는

그림 10-5 비올레 르 뒤크의 리 노트르담 성당 개축(1843)

비올레 르 뒤크E. E. Viollet-le-Duc(1814~1879)에 의해 복구되었으며, 루앙 대성당(1823)의 종루는 알라브완느F.-A. Alavoine에 의해 주철로 재건되었고, 빠리의 노트르담 성당(1844~1864)은 라쒸J.-B. A. Lassus(1807~1857)와 비올레 르 뒤크에 의해 복원되었다. 이러한 복원작업을 통해 고전주의 전통에 입각했던 라쒸Lassus와 같은 젊은 건축가들은 고딕건축에 대해 더욱 잘 알게 되었다. 그리고 이러한 지식은 새로운 성당을 지을 때 적용되었다. 게렝G. Guerin이 지은 뚜르Tours의 쌩떼띠엔느Saint-Etienne 교회(1844~1875), 라쒸Lassus가 건축한 물렝의 싸크레꾀르Sacre-Coeur(1849~1881) 대성당과 빠리 벨빌Belleville 소재 쌩 쟝 밥띠스뜨Saint-Jean-Baptiste(1854~1859) 교회당이 그러한 예가 된다. 당시 특히 인기 있던 모델은 13세기 고딕양식이었으나, 남프랑스에서는 님므Nimes에 있는 쌩뽈Saint-Paul(1841~1849) 교회의 경우처럼 로마의 모델이 일반적으로 통용되었다. 쌩뽈 교회의 이러한 내부 유채장식은 플랑드르 지방의 것과 같다. 종교 건축물의 경우에는, 에꼴 데 보자르l'Ecole des Beaux-Arts가 무시했던 형태인 중세형, 즉 고딕건축은 도덕적이고 전문적인 사회참여와 같은 가치를 갖게 되었다. 이는 바로 역사유물의 복원(베즐레의 마들렌느 성당la Madelaine de Vezelay, 1840, 카르카손 성cite de Carcassonne, 1853, 삐에르퐁 성

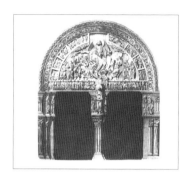

Chateau de Pierrefonds, 1863)을 전문으로 하는 비올레 르 뒤크의 입장이었다. 그는 뛰어나기는 하나 종종 논박의 대상이 되었다. 실제로 그가 건축한 것은 몇 개 안 되나(쌩드니 드 레스트레Saint-Denis-de-l' Estree, 1864~1868), 건축에 있어 현대의 건축학적 문제에 해결책을 줄 합리적 모델로 간주되던 고딕건축으로부터 이론을 도출하였다. 그의 《건축에 대한 이야기Entretien sur l'architecture》(1863~1872)는 특히 카탈로니아 지방Catalan 건축가 가우디Gaudi와 미국인 라이트F. L. Wright, 그리고 독일인 미스반데로Mies van der Rohe에게 많은 영향을 미쳤다. 프랑스에서는 비올레 르 뒤크의 조수 중의 하나인 드보도A. de Baudot(1834~1915)가 엔지니어 꼬땅생P. Cottancin의 철골콘크리트 방법을 사용하여 마침내 고딕 구조에 적용시켰다(몽마르트르의 쌩쟝 Saint-Jean 교회, 1894~1904).

(5) 절충주의 또는 포화상태의 역사주의

형태를 체계화시킴으로써 자연적, 인위적 구성요소를 동질화시키는 프랑스식 정원과는 반대로, 영국식 정원은 그 기원과 양식, 문화, 취지에 따라 다양한 요소들 간의 독특한 관계로 특징지어진다. 시공의 대조는 여기서 그림과도 같은 환상적 효과를 만들어냈다. 바로 이것이 20세기에 더욱 풍부하게 되는 절충주의의 전조라 할 수 있을 것이다. 20세기에 절충주의는 역사와 고고학 그리고 인류학의 발달과 숱한 출판물에 힘입어 여러 모델 중 선택이 가능해졌다. 《대영제국 건축사》(총 21권, 1820-1878, 노디어Nodier · 테일러 Taylor 공저), 《현대 로마 건축》(1840-1857, 레터로울리P. Letarouilly 저), 《Denkmaler der deutschen Baukunst》(1815~1818, 몰러Moller 저),

또는《Espana artisticay monumental》(1842~1850) 등의 여러 출판물이 이때 발행되었다.

18세기 후반에서 19세기에 이르기까지, 역사상의 근원으로 돌아가는 운동은 정치적 혼란, 여러 전쟁, 식민주의 등과 결합하여 민족주의, 개체주의, 그리고 다원론적인 특이성을 자극하였다. 게다가 건축에서의 절충주의는 사회를 근본부터 바꾸고 건축 유형학과 건축모델을 개혁할 공업적 활력의 균형을 잡고자 했는데, 이때 불가피하게 르네상스 운동이 세운 전통적 역사주의가 쇄도하게 되었다. 사실상 절충주의가 갑작스럽게 생김으로 인해 신고전주의나 신고딕 양식과 섞이지 않은 채 대략 1830년대 이후로 절충주의는 전 유럽을 걸쳐 무한한 해결책, 다양한 대중적, 종교적, 사적 프로그램에 적용된 해결책을 지닌 채 신고전주의나 신고딕 양식 각기의 특징을 자기 것으로 만들고, 이를 용해하여 다른 형태에 결합시켰다. "오늘날(1842년)에는 특별한 아름다움을 지니지 않은 스타일은 없으며, 지배적인 스타일이 정해진 것도 아니므로 우리는 '경험'이라는 미로 속에서 방황할 따름이다."라고 영국인 건축가 도날드슨Donaldson 은 말하였다.

그 증거로는 케스텔C. A. Questel에 의해 지어진 신로마 양식의 성바울Saint-Paul 성당(1835~1850, 님므 소재)과 신그리스 양식의 재판소le palais de justice(1838~1850) 등을 들 수 있다. 건축가들은 또한 종종 그들의 건축주에게 쉰켈이 지은 프리데릭-베르데르셰Friedrich-Werdersche Kirche(1821~1830) 성당처럼 똑같은 건축계획에 대한 다양한 양식의 건축을 제시하기도 하였다. 런던의 새로운 외무부를 위하여 스코트G. G. Scott(1811~1878)는 새 내각의 취향을 만족시키기 위해 고딕 양식과 비잔틴 그리고 이탈리아적인 프랑스 고전 양식의 설계를 해야만 했다. 이렇듯 몇몇 건축가들이 다면적 가치를 지닌 것과 동시에, 중세의 신봉자와 고전주의의 신봉자 간에는 맹렬한 논쟁이 벌어졌다. 이러한 대립은 결과적으로, 1864년 프랑스에서 비올레 르 뒤크와 같은 건축가가 에꼴 데 보자르¹ Ecole des Beaux-Arts 의 강단에 서게끔 하였다.

절충주의 건축 양식이 복잡하게 보이기는 하나, 실질적으로 이것은 두 개의 기본 축으로 구성되어 있다. 하나의 역사적 스타일을 정하고 그 가운데 전형적인 요소만을 선택하여 어떤 건물을 완성하거나 다양한 양식을 한 건축물에 배합하는 것이다. 첫 번째 경우에는 동일한 주제에 대하여 여러 변화된 형태가 얻어질 수 있다. 이에 비하여 두 번째 경우에는 하나의 건축물을 짓는 가운데 여러 양식의 혼합이 가능해진다. 그러나 이때 현실적인 체계화는 사실상 불가능하다. 이처럼 절충주의는 기본적으로 하나의 스타일을 고집하는 독단적 태도를 거부한다. 거의 유사하다고 할 수 있는 이 같은 두 가지 실용론은 예외의 경우를 제하고 공통적으로 완벽한 모방을 지양한다. 선택적이고도 종합적인 분석에 대한 개념은 꾸쟁V. Cousin의 절충주의 철학에 잘 나타난다(《진, 선, 미의 근본에 대한 철학강의Cours de philosophie sur le fondement du vrai, du beau, du bien, Paris》, 1836). 보다 실제적으로는 1840년에 달리C. Daly가 창간한 잡지《건축과 공공 종합잡지la Revue generale de l'architecture et des travaux publics》가 1890년에 이르기까지 절충주의에 대한 가장 좋은 토론장 역할을 하였다.

16세기 로마 궁전을 유형학에 기초하여 변형시킨 베리C. Barry는 런던의 개혁 회관Reform Club(1837~1841)을 완성했으며, 본클렌쩨 L.von Klenze는 15세기 피렌체 궁전의 정연한 배치를 추구하며 뮌헨의 쾨닉스바우Konigsbau(1826~1833)를 완성했다. 이들은 단일스타일의

← **그림 10-9** 싸크레-꾀르 성당
→ **그림 10-10** 싸크레-꾀르 성당
(1872~1912)

절충주의의 경우에 해당한다. 이러한 스타일상의 실용주의로 인해 매우 급속히 건물의 계획과 지위에 관련되는 스타일을 체계적으로 참고하였다. 후에 고전주의 건축은 법원과 박물관 등에도 적용되었는데, 예를 들어 아바디P. Abadie(1812~1884)는 교회와 그 부속건물에 중세건축이 쓰인다는 이러한 원칙에 지나치게 신경을 썼다. 그는 11세기 로마네스크 양식으로 교회들을 세우고, 13세기 고딕 양식으로 프랑스 남서부의 군청들을 지었다. 한편, 빠리의 싸크레-꾀르Sacre-Coeur 성당은 로마네스크-비잔틴 양식으로 설계되었다. 교회와 성의 경우는 제외하고, 절충주의-프로그램을 체계화하는 것은 전적으로 인습적이었다. 영국 에딘버러Edimbourg의 로얄 인퍼머리 병원Royal Infirmary(브라이스D. Bryce, 1870~1879)은 고딕양식으로 건축된 매우 기능적인 병원이며, 프랑스 빠리의 라리브아지에르 병원(고띠에P. Gauthier, 1839~1854)은 신고전주의 양식으로 건축되었다. 암스테르담 릭스Rijks 박물관(퀴퍼스P. J. H. Cuijpers, 1877~1885)은 매우 애매하긴 하나 고딕양식 건축물로서 이 또한 앞서 언급한 카테고리의 특성을 지닌다.

↑ **그림 10-11** 로얄 인퍼머리 병원
↙ **그림 10-12** 푼트하우스 교회, 비엔
　나(1868~1875)
↘ **그림 10-13** 라리브와지에르 병원

이것저것 섞는 절충주의의 경우, 그 구체적인 성과는 실망스러웠
다. 부다페스트 의사당(스텐들I. Steindl, 1882~1902)이 로마 양식과
고딕 그리고 고전주의 양식을 은근하게 결합한 반면, 비엔나의 푼
트하우스Funthaus 교회(폰슈미트F. von Schmidt, 1868~1875)에는 서로
간의 긴밀한 결합이 결여된 채 바로크 양식이 곁들여진 고딕식 입면
과 고전주의식 둥근 천장이 공존했다. 마르세이유의 롱샹Longchamp
궁(에스뻬랑디유H. Esperandieu, 1862)이 폭넓고 쾌적한 도시 무대장치
scenographie를 보여주는 반면, 브뤼셀 법원(뽀엘래르J. Poelaert,

1861~1883)은 기와의 사용과 함께 고전주의 양식을 총체적으로 참
조하여 건축되었는데, 이 법원은 또한 매우 육중한 규모를 자랑한
다. 앙베르Anvers 시의 중앙역(들라썽스리L. Delacenserie, 1899)은 고딕과
르네상스, 고전주의, 바로크, 그리고 지역전통 간의 유기적 관계가
결여된 혼합물에 지나지 않는다. 반대로 썽뻬르G. Semper는 드레스데
Dresde 시의 제2오페라 관(1871~1878)을 위해 현관을 바로크식으로
함에 덧붙여, 로마식과 쉰켈식 고전주의를 기본적으로 참조하여 매
우 훌륭한 건물을 구상하였다.

　빠리의 오페라관(1860~1874)은 절충주의의 걸작이다. 갸르니에
C. Garnier(1825~1898)는 건물의 후면으로부터 앞면에까지 점진적으
로 스타일과 조형상의 효과를 확장시켰다. 이때 16세기 이탈리아와
17세기 프랑스 사회로부터 따온 차용물들은 눈에 띄는 화려한 공간
인 거대한 층계의 다색배합으로 인해 더욱 찬란하게 되었다.

　결국 기술적 스타일인 절충주의는, 금속 구조로 된 신고딕 양식
건축 전통이라 규정될 수 있다. 브왈로L. A. Boileau(1832~1896)의 빠

그림 10-14 롱샹 궁전, 마르세이유(1862)

← **그림 10-15** 갸르니에 오페라 중앙계단
→ **그림 10-16** 갸르니에 오페라
　(1860~1874)

리 성 으젠느Saint-Eugene 성당(1854~1855)이나 디안Deane과 우느워드 Woodward의 옥스퍼드 대박물관(1855~1860)이 외관은 돌로 되어 있으나 이러한 절충주의 건물에 해당된다.

도시는 물론이고, 다양한 회화적 양식과 시골 부르주아 별장이 공존하는 전원에서도 많은 앨범album의 간행과 더불어, 프랑스와 영국에서 국내 건축은 절충주의와 관계되었다. 그것은 지역전통과 이탈리아 그리고 극동을 포함한 동양을 모델로 삼았다. 이들 각각은 구성물질과 전통적 이행Mise en Oeuvre과 마찬가지로 용량과 입구 그리고 대조적인 비대칭 설계로 인해 매우 독특한 특성을 지녔다.

2. 건축과 공업

(1) 건축에 있어서의 공업의 개입

신고딕 양식과 절충주의를 따라 양식상의 경험을 늘리며 대다수의 건물에 역사주의가 적용되는 동안 건축방식에 있어 토목 작품에 우선적으로 제련술이 점점 개입되었다.

그림 10-17 다비와 건축가 프릿챠드에 의해 최초로 완성된 콜 브룩데일 철교 (1777~1779)

실제로 18세기 영국에서 특히 제련술이 결정적으로 발달한 후에 30미터에 이르는 주철다리가 1777년과 1779년 사이에 철물제조자 다비A. Darby와 건축가 프릿챠드Pritchard에 의해 최초로 콜브룩데일 Coalbrookdale 근처 서번Severn 강 위에 세워졌다. 1801년부터 1803년까지 엔지니어 쩨싸르Cessart와 디용Dillon은 빠리에 예술교(뽕데자르le pont des Arts)를 세웠다. 곧 이어 건축가 벨랑제Belanger와 엔지니어 브뤼네Brunet는 빠리블레les bles de Paris에 있는 시장 위에 주물로 된 아치

그림 10-18 뽕데자르(1801~1803)

형 둥근 천장을 씌웠다(1805~1813). 이어 1813년에는 브라운s. Brown이 트위드Tweed 강에 전형적인 적교를 세웠다.

1800년 이후로는, 공업건물 내에 주물로 된 기둥과 보가 쓰였다. 이러한 건축요소들은 경우에 따라서는 당시 공업생산품인 유리판과 함께 화재의 위험을 감소시키고 내부공간을 보다 넓고 환하게 해주었다. 맨체스터에 있는 필립&리Philip&Lee 면방직공장(벌튼Boulton과 와트Watt, 1801)은 그 좋은 예이다. 공원과 도시에서 유리지붕으로 된 온실과 갤러리는 유행처럼 번졌다. 19세기 이전에 지지된 이러한 열광은 특히 런던의 버링턴Burlington 아케이드나 빠리에 있는 오를레앙 갤러리(뻬르씨에Percier와 퐁텐느Fontaine, 1829)와 같은 건축에서 엿보였다.

이때까지 철은 새로운 형태는 전혀 없이 나무의 대체품으로만 사용되었다. 1850년대에 이르러서야 건축가들은 양철과 강철, L자 모양의 쇠붙이, T자, 그리고 더블T자 등과 같은 압연강 제품을 사용하게 되었다. 이와 같은 것들은 리베트로 고정되어 대들보나 건물의 형태를 구성하여 결과적으로 큰 중요성을 갖게 되었다.

그림 10-19 기계 전시실, 빠리 세계박람회(1889)

런던의 수정궁(1850~1851)은 제1회 세계박람회를 위해 팩스턴J. Paxton(1801~1865)에 의해 주철 기둥, 덩굴형 대들보, 유리게시판 등 제한된 수의 공업부품을 기본으로 하여 조정 가능한 시스템으로 설계되었다. 내부가 훤히 보이는 거대한 규모의 이 건조물은 그 표현성에 있어 매우 참신했다. 이는 1889년 빠리 세계박람회 때 건물의 이음보 없이 115미터에 이르는 지붕 서까래 틀로 덮고, 길이는 420미터에 이르는 기계 전시실에 의해 더욱 확고히 증명되었다. 이는 엔지니어 꽁따맹V. Contamin이 설계한 것으로, 세 개의 연접 링크articulations를 갖는다. 또한 에펠G. Eiffel과 그의 회사가 지은 300미터의 탑, 즉 에펠탑과 같은 두드러진 건조물로 인해, 이 박람회에서는 공학이 승리를 거둔 셈이었다. 그리고 신인상주의 화가 쇠라G. Seurat는 1889년경 에펠탑을 주제로 그림을 그렸다.

이러한 건조물들의 크기와 견고한 공간은 개인과 건축물 간의 관계를 변화시켰다. 건물 내부에서 엄밀히 말해 '공간'이라 부를 수 있는 표식은 사라졌다. 형태를 알아보기도 힘들며, 경계는 빛의 흐름 속에 파묻혔다. 뿐만 아니라 역사적 표식이 없기에 공정을 단축한 시간과의 관계성은 종종 방문객의 이동수단을 갖춘 거대한 장소의 성격을 쇄신했다. 그래도 여전히 이 같은 새로운 사회, 즉 자본주의에 입각하여 공업과 상업이 주를 이루는 사회의 징후적 프로그램으로부터 금속을 이용한 건축의 공훈은 유도되었다. 이러한 사회는 박람회와 마찬가지로 당시의 기류를 살찌우고 제어할 수 있는 국제교역을 통해 보편성을 꾀했다.

그림 10-20. 에펠탑, 1889

(2) 엔지니어의 역할

금속을 이용한 산업 생산품으로 잠재적인 건축을 할 수 있던 사람은 독학자이거나 학위를 받은 엔지니어들이었다. 그러므로 건축공간을 변형시킴에 있어 그들의 역할은 근본적 성격을 가졌다. 예를 들자면 수정궁Crystal Palace의 건축가 존스O. Jones와 기계전시실을 설계한 듀터Dutert의 개념론상의 책임은 분명히 줄어들었다.

그림 10-21 팩스턴의 수정궁(1851)

엔지니어들의 작업 진행 방식에서 그 궁극 목적은 상징적이라기보다는 실용적인 것으로 '건설윤리'를 이끌어냈다. 이는 우선적으로 과학적이고 기술적인 문화에 의해 설명되는데, 엔지니어들의 이러한 문화는 프랑스의 예를 들자면 1747년 뻬로네Perronet에 의해 설립된 프랑스의 토목학교Ecole des ponts et chaussees와 이공과대학Ecole polytechnique(1794년)이나 예술제품 중앙학교l' Ecole centrale des arts et manufactures(1829년)에서 획득한 것이었다. 이와 비슷한 교육기관이 프라하(1806)와 비엔나(1815) 그리고 칼스루에Karlsruhe(1825)에 설립되었는데, 영국에서는 1890년까지는 엔지니어들의 양성 조직제도는 거의 설립되지 않았다.

'건설윤리'는 또 프로그램과 개념적 과정 그리고 실행 양식을 결정함에 있어 공업을 중시했다. 실상 기초공사 후의 금속건축 공사장은 엄격한 기술적 설계를 따른 부품들의 이성적 조립 시스템에 해당했다.

이러한 형태론은 양식상의 여러 형태들을 체계화하는 역사주의의 지지자들에 의해 실행되던 미학과는 아무런 관련이 없었다. 따라서 종종 대담하고 걸작인 건축적 표현성이야말로, 사실상 산업시대를 상징하도록 구성된 형식들을 통틀어 미학적 감수성을 변형시키는 데 기여했다. 이런 이유로 건축가 벨데H. Van de Velde는 "엔지니어는 의식적으로 미를 추구하지 않는 경우에만 진정한 아름다움을 얻을 수 있다."라고 경멸의 뜻을 담지 않은 채 쓰고 있다(1899).

(3) 상대적으로 고립된 건축가들

그 용도가 무엇이든지 간에 건조물들은 기술진보에 있어서의 합리성과 양심을 나타내는 까닭에 그 건축의 증가된 부분은 건축가의 권한을 넘어선다. 당시 많은 엔지니어와 실업계 사람들에게 영감을 주었던 생씨몽주의 교리가 이와 같은 기술진보를 격찬하였다. 대부분의 경우에 건축가들은 수동적 양상을 보였다. 그들은 강철 건축의 급격한 발전 그리고 엔지니어들과 이러한 분야에서의 건축청부인들이 지닌 창조력 모두를 무시했다. 사실 로열아카데미를 이은 빠리 에꼴 데 보자르'Ecole des Beaux-Arts는 1793년에도 고대의 고전주의로부터 물려받은 스타일로 구조 연습에 기초한 강의를 계속했다. 후에 로마 그랑프리le Grand Prix 수상자들은 이러한 고대 고전주의를 이탈리아와 그리스에서 연구하게 되었으며 빠리의 프랑스 건축학교l' Academie d' architecture de l' Institut de France에 매년 파견되어 고고학과 건축 작업에서 고대 고전주의 양식에 대해 더욱 잘 이해하게 되었다.

그림 10-22 에꼴 데 보자르

1840년 이후에는 비방적 형용사가 되었으나 이와 같은 '관학풍 academique'의 형성은 그 목적에 비추어보아 매우 효율적이었다. 갸르니에Ch. Garnier의 《건축교습 보고서Rapport sur l'enseignement de l'architecture》(1889)에서는 "처분과 구성, 추리, 반대의견과의 관계 등은 예술의 기본요소로 학습되어야 한다."고 기록되었다. 그렇게 건축가들은 전통적으로 기념건물의 프로그램에 적합한 형식적 언어를 억제할 수 있다. 이에 따라 프랑스 에꼴 데 보자르의 교육적 미학적 경향은 유럽 대부분 지역과 미국 그리고 남미에까지 퍼졌다. 이는 20세기 중엽까지 계속되었다.

(4) 합리주의 흐름: 새로운 유형학과 건축혁신

19세기 노동자 계층 가운데 부르주아의 수가 늘어남에 따라, 사회가 바라는 요구사항 또한 변화하였다. 이는 새로운 장비와 프로그램에 잘 나타나며, 급속히 발전하는 대도시에서 제일 두드러졌다. 무엇보다도 재화와 사람의 운송, 상업, 건강, 교육, 그리고 문화가 관련되었다.

이 같은 공적·사적 요구로 인하여 건축가들은 여전히 유행 중인 진부한 역사주의를 넘어서 내용과 규모에 있어 새로운 프로그램이 야기한 문제들과 산업건축의 방식을 합리적으로 해결하고자 하였다.

대다수의 기차역은 1850년대 이후 생겼으며, 대개의 경우 건축가와 엔지니어 간의 대립이 두드러지게 나타났다. 이와 같은 장소, 즉 기차역의 화려한 대합실과 현대적 광장은 사람들에게 개선문과 궁전을 환기시켰다. 이들 장소는 한 명의 건축가에 의해 관학풍의 형태로 설계되었다. 철로 쪽 공간, 홀Hall 쪽 공간의 철골 구조와 투

↑ **그림 10-23** 빠리 동역(1847~1852)
↓ **그림 10-24** 세인트−팬크라스 역

↑ **그림 10-25** 프랑크푸르트 역 입면
↙ **그림 10-26** 프랑크푸르트 역
↘ **그림 10-27** 빠리 북역(1861~1864)

명한 공간은 그 기능은 없어졌지만 기계의 세상을 찬양하는 엄격한 엔지니어링 작품이다. 빠리 동역(1847~1852)은, 건축가 뒤께스니F. A. Duquesney와 엔지니어 드쎄르메P. Cabanel de Sermet에 의해 지어졌다. 런던의 세인트 팬크라스Saint-Pancras 역(1863~1865)의 거대한 홀(발론 Barlon과 오디쉬Ordish)은 스코트G. G. Scott의 신고딕 건축으로 완전히 가려졌다. 반면 마인 강에서 프랑크푸르트 역(1881~1888)의 삼중 홀은 에거트H. Eggert가 설계한 건물정면을 압도한다. 빠리 북역(1861~1866)을 지은 건축가 이또르프I. Hittorff는 기념비적이기는 하나 단순한 신고전주의 건물정면과 부분적으로는 신고전주의로 설계한 홀 사이에 하나의 아름다운 '균형'을 발견한다. ·

어쨌든, 산업시대의 이미지를 대표하는 철도역은, 동시대 사람들에게 다양한 감동을 주었다. 이러한 역들을 인상주의 화가 모네C. Monet는 생라자르역(1877)이라는 그의 작품에서 찬양했다. 반면 고띠에Th. Gautier는 1868년에 이미 "고대 신전, 중세 성당에서 유래한 건축은 우리 시대에는 기차역으로 끝날 것이다."라고 말함으로써 이러한 건축경향을 애석해한다.

그림 10-28 빠리 중앙시장 레알
(1854-1870)

이 시기의 또 다른 물물교환의 장소로는 지붕이 덮인 시장을 들수 있다. 이러한 시장들은, 철강구조와 '유리'를 유용하게 사용한다. 1820년에서 1830년대에 빠리와 런던에서 몇 번의 시도가 있은후, 19세기 후반 동안 철강구조와 '유리'는 유럽의 대부분 주요 도시에서 채택되었다. 빠리 중앙시장les Halles centrales de Paris(1854~1870)은 이 같은 유형의 모델로서, 오쓰망Haussmann 당시 시장Prefet의 요구에 따라 로마 대상 수상 경력자인 건축가 발타르Baltard에 의해 지어졌다. 상호 연결되는 공간을 갖는 별채 여덟 개 건물은 빛이 잘 들며통풍 또한 잘 되고 지붕 덮인 가로에 의해 서로 연결되었다.

지붕 덮인 시장이 신선한 제품, 특히 음식물을 팔기 위함이라면백화점le grand magasin은 다소 유복한 고객을 상대로 유행상품을 팔았다. 1860년대 이러한 사례의 첫 번째는 봉 마르셰Bon marche 백화점(1869~1872)으로 건축가 브왈로L. A. Boileau(1812~1896)가 구상하고엔지니어 에펠이 구조 설계한 것으로, 그 강철구조는 매우 기능적이긴 하나 관학풍 장식으로 인해 소리가 울리는 공간을 허락한다. 이러한 장식은, 진정으로 장관을 이루어서 이같은 새로운 형태의상업과 조화를 이루었다. 매우 밝은 거대한 홀, 기념비적 계단과 갤러리는 사교계의 외양과도 흡사하다. 쁘랭땅Printemps 백화점(1881~1883)은 세디유P. Sedille에 이르러 무대장식 기법에 있어서 과장을 특징으로 하는 양식으로 완성되었다.

문화 그리고 지식의 저장과 보급은 19세기 동안 그 형태와 영역이 매우 변화하는 건축 사례로 현대적인 도시의 에너지와 가치 부여에 한몫하였으며 이에는 특유한 건축양식이 요구되었다. 대규모 교육시설인 소르본느 대학교가 네노H. P. Nenot에 의해 1885년부터1901년에 걸쳐 지어졌다. 그리고 도서관에 대한 개념도 새로워졌

다. 라브루스트H. Labrouste(1801~1875)는 보수적인 로마 그랑프리 수
상자임에도 불구하고 쌩뜨-쥬느비에브Sainte-Genevieve 도서관
(1843~1850)과 빠리 국립도서관(1857~1868)을 합리적으로 설계하
였다. 이들 도서관의 널찍한 열람실은 천정으로부터 빛이 가득 들
어온다. 《건축개론Traite d'architecture》(1850~1858)에서 레이노L.
Reynaud(1803~1880)는 이 같은 고전적 문화와 현대의 명확한 현실 간
의 일치를 옹호하고 있다. 비올레 르 뒤크가 중시한 고딕 양식을
레이노는 전적으로 부인하고 참고하기를 거부하기 때문에 그의 일
은 아카데미l'Academie 측의 후원을 받았다. 런던의 브리티쉬 박물관
British Museum(1854~1857) 원형모양의 열람실에는 스미크S.
Smirke(1798~1877)가 고안한 구형 지붕과 방사형 철구조재가 있는

← **그림 10-29** 봉마르셰 백화점
　　(1872~1874)
→ **그림 10-30** 쁘랭땅 백화점
　　(1882~1889)

그림 10-31 빠리 국립도서관(1857~1868)

데, 이것은 합리주의적 경향과 유사하다. 한편 건물 내부의 통풍과 채광을 위하여 금속과 세라믹을 통해 가장 훌륭한 건축 방식에 도달한 사람은 빠리 법학대학Ecole du Droit de Paris(1876~1878, 1880~1898)의 도서관과 쌩뜨-바르브Sainte-Barbe 중학교를 지은 건축가 레뢰E. Lheureux(1827~1898)인 것은 의심할 여지도 없다. 엘리트를 양성하는 이 같은 교육 기관에서 공간과 건축적 형상은 특별한 상징적 힘을 갖게 되었다.

실상 산업 시대에 공공사업이 발전하고 다양해지는 것은 사회생활, 특히 도시에서의 사회생활에 대한 새로운 개념, 즉 도덕적 분석만큼이나 정치적 과학적 분석에 의해 만들어진 개념이 형성되었음을 보여준다. 이로부터 위생학과 안전제일 합리주의가 나온다. 한편에서는 특히 프랑스와 영국에서 1760년 이후 시작된 위생주의자들이 내린 결론을 적용하여 오두막집과도 같은 병원을 세우게 되는데 그 예로는 빠리의 라리브와지에르Lariboisiere 병원(1839~1854, 고띠에P. Gauthier)과 베를린의 아우구스타Augusta 병원(1869), 그리고 에딘

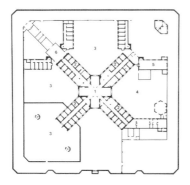

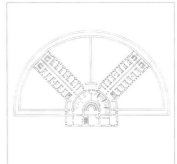

↖ **그림 10-32** 서포크 백작 감옥(1784~1790)
↗ **그림 10-33** 쥬네브 감옥(1822~1825)
↙ **그림 10-34** 모아비트 감옥(1869~1871)
↘ **그림 10-35** 쌍떼 감옥

버러의 로얄 인퍼머리 병원(1870~1879, 브라이스D. Bryce) 등이 있다. 다른 한편에서는 중앙의 탑으로부터 감옥의 독방들로 통하는 자연 채광되는 통로를 지속적으로 감시할 수 있는 구조를 갖는 빠놉틱 공간Espace panoptique을 갖춘 감옥이 완성되었다. 서포크Suffolk 백작의 감옥(1784~1790, W. Blackburn)은 일련의 감옥을 짓는 데 있어서 그 시초가 되었다. 쥬네브 감옥(1822~1825, M. Osterrieth), 빠리에 있는 라 쁘띠뜨 로께뜨la Petite Roquette(1826~1836, H. Lebas), 벨기에 루벵 감옥(1846~1858, 뒤몽J. Dumont), 그리고 베를린 모아비트Moabit 감옥(1869~1871, 헤르만Herrmann), 빠리 쌍떼 감옥Maison d`Arret de la Sante(1861~1867, 보드르메르J. A. E. Vaudremer) 등이 서포크 백작의 감옥을 뒤이어 지어졌다.

3. 도시계획에 대한 여러 가지 생각

19세기 중반에 이르러 많은 도시들은 산업시설과 도시로 몰려드는 노동인구로 인해 수용능력에서 그 한계를 넘게 되었다. 런던 인구는 1841년 1,873,676명이던 것이 1891년 4백만 명을 넘게 되었고, 도처의 노동자들은 비참한 생활환경에서 삶을 이어나갔다. 새로운 공공시설은 부족하였고 도로망과 하수 배수시설 그리고 물과 에너지의 보급 등은 불충분하거나 아예 없었다.

(1) 유토피아로부터 수도에 이르기까지

앞서 말한 문제들은 여러 분석과 다양한 답변을 낳았는데, 특히 사회주의 선구자들에 의해 조직적인 사회 속에서 프롤레타리아 계급의 육신적 도덕적 안녕에 대해, 그리고 노동자로서 그들이 받아야 하는 수익에 대해 걱정하면서 시작된 진보적 유토피아의 문제를 야기시켰다. 이 같은 주제에 대해 시험해 본 사람은 오웬R. Owen(1771~1858)이었다. 그리고 공동주거 형태인 '팔랑스테르phalanstere'를 구상해 낸 사람은 푸리에Ch. Fourier(1772~1837)였다. '팔랑스테르'는 훗날 '협동주택'의 형태로 '기즈Guise'라는 곳에 조금은 수정된 채 지어지게 된다(1859~1883, 고댕J. B. Godin). 꽁씨데랑V. Considerant, 까베E. Cabet와 영국인 리차드슨B. W. Richardson 또한 이 같은 공동주택을 생각하였다. 그들이 보여준 숱한 제안들은 한 세기가 지난 후에 모던운동의 창시자들, 특히 르꼬르뷔지에Le Corbusier와 같은 건축가에게 도시계획 이론과 건축이론에 대한 영감을 주게 되었다.

대규모의 도시정비사업 가운데 오쓰망G. E. Haussmann의 빠리 도면 (1853년 이후)과 엔지니어 쎄르다I. Cerda의 바르셀로나 도면(1863년 이후 적용됨)를 기억해 둘 필요가 있다.

나폴레옹 3세는 빠리를 유럽의 수도로 만들고자 빠리의 도움에 힘입어 야심적인 건설정책을 통해 황제권의 위신을 더욱 높이고자 하였다. 이 같은 정책의 결과로 빠리는 부동산 사업에 대한 투기를 이용했다. 토목엔지니어들을 측근에 둔 오쓰망은 토지수용에 대한 법안 덕택에 새로운 궤도로 도로의 용도를 변경할 수 있는 막강한 힘을 소유했고, 이러한 새로운 궤도는 도시 도로망 조직을 대수술 하게 되었다. 도시 조직망에서 중요한 매듭격인 광장에는 행정건물, 교회, 문화시설, 흥밋거리(분수, 광장, 공원) 등이 군대에 의한 질서유지와 효율적인 교통순환을 목적으로 하는 시스템에 덧붙여 원근적인 동시에 위생적인 양질의 서비스를 제공하고 있었다. 새로 생긴 도로에 인접한 절충주의 스타일의 건물 정면으로 인해 빠리는 새롭고도 조밀하며 단일적 모습을 띠게 되었다. 프랑스(리용과 마르

그림 10-36 오쓰망이 정비한 라파이에뜨 거리

세이유)와 유럽(비엔나와 피렌체)에서 오쓰망의 도시계획 기법은 상당히 넓고 성공적으로 적용되었다.

바르셀로나에서는 중요한 확장 문제가 제기되었다. 일찍이 도로의 요새가 파괴된 이상 쎄르다의 도로는 직각으로 설계되어 규칙적인 장방형의 구역이 생겼다. 따라서 시 구역을 끝없이 확장하는 것이 가능해지나, 사회중심부(교회, 학교 등), 시장, 병원, 공원 등의 풋말이 필요하게 되었다. 각각의 구역은 네 거리 교차로를 넓히기 위해 그 모퉁이는 잘리는 것이 필요하였고 규모는 각 120미터에 이르는 작은 섬이라 할 수 있으며 건폐율 30%에 4개 층 규모가 되었다. 그러나 토지에 대한 이 같은 투기현상은 극단적인 인구조밀화를 초래하였다. 어쨌든 쎄르다의 시스템은 이후 마드리드와 산세바스티안San Sebastian 그리고 스페인의 여러 다른 도시에도 적용되었다. 게다가 프랑스 뛰랭Turin과 리용Lyon, 아테네Athenes와 독일의 많은 도시에도 적용되었다. 1871년 건립된 독일제국은 국가의 체계가 자리를 잡아감에 따라 인구통계학과 산업에 있어 급속한 성장 가운데 있던 상태에서 '도시화'에 대한 감독을 맡는 기술적 행정적 구조를 발전시켰다.

이 같은 도시계획에 관한 업무처리는 오쓰망이 표방한 이상의 실현과 독일적 현실화를 위해 매우 실용적인 것이었으며, 또한 쎄르다의 입장에선 진보적인 업무처리 주로 역동적인 현대성의 표현인 대도시Metropole를 위한 것이었다.

(2) 문화주의의 대안책

반면, 대도시를 거부하는 경향도 있었다. 까미오 지떼Camillo Sitte와
같은 오스트리아 학자는 그의 저서 《예술적 원칙에 따른 도시계획
Der stadtebau, Vienne》에서 고대 도시가 있던 장소를 형태학적으로 분석
함으로써 현대도시의 기능성과는 상관없이 당시 도시화에 있어서
미학적 형태에 대한 위신을 획득했다. 건축에 관한 한 비올레 르 뒤
크를 떠올리지 않을 수 없는 도시화에 관한 유산을 이렇듯 긍정적
으로 받아들이는 것은 과거 도시에 대한 그리움으로 점철되어 있기
때문이다.

그림 10-37 까미오 지떼의 《예술적 원칙
에 따른 도시계획》 원고

여러 문제를 야기하는 대도시에 반하여 '전원도시'를 주장한 영
국인 하워드E. Howard(1850~1928)는 산업도시에 이끌려 몰려든 인파
를 새로운 형태의 도시라 할 수 있는 '전원도시' 쪽으로 분산시키려
했다. 《미래의 전원도시Garden-cities of Tomorrow》(제2판, 1902)에서 하

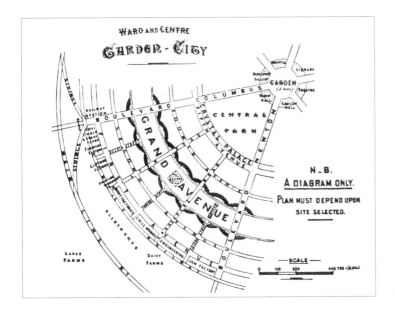

그림 10-38 하워드 전원도시 개념

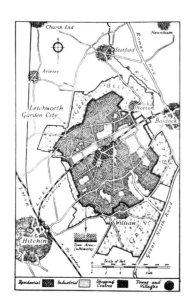

↑ **그림 10-39** 레치워쓰 전원도시(1904)
↓ **그림 10-40** 웰윈 전원도시(1919)

워드는 전원도시의 구성요소들을 '중심지대'들로 설명했다. 중심부에는 행정, 문화 그 외의 서비스를 담당하는 지역이 있으며, 거주 지역에는 여러 길이 있어 관개를 수월하게 한다. 도시외곽은 산업시설이 차지하며, 경작지대와 삼림지대도 구분된다. 반경 1,200미터의 각기 도시에는 3만 2천 명의 거주자가 살게 된다. 전원도시는 또한 다른 전원도시들과 함께 철로에 의해 연결된 '도시-전원'의 혼합체를 가능케 한다. 런던 북부에 위치한 레치워쓰(1904, 건축가 R. Unwyn)와 웰윈 전원도시Welwyn Garden City(1919)는 하워드에 의해 구상된 도시모델과 재정적 조건의 첫 적용지였다.

형태와 구성물질에 관한 전통적 건축이 안락함과 친근감, 다양함, 그리고 세련미를 주는데 비해 전원도시에는 사실 이렇다 할 볼거리는 없었다. '전원교외banlieu-jardin'(베드포드 파크Bedford Park, 런던 근처, 1875년, 건축가 가드윈Godwin과 셔Shaw)와 기업들의 노동자 거주용 전원도시(레버 사Societe Lever의 포트-썬라이트Port Sunlight, 1888년)가 생긴 이후, 하워드의 도시모델은 필요에 따라 다소 변형된 채 빠른 속도로 유럽과 미국 대륙에 퍼졌다. 이는 또한 1940년에서 1950년대에 걸쳐 영국의 신도시New Town 건설에 영감을 주었다.

쇼에F. Choay 교수가 분석한 합리적 문화주의 경향은 결국 도시에 대한 논쟁을 살찌우는 도시계획에 대한 사고가 그 주를 이루었으며 이는 오늘날까지도 계속되고 있다.

4. '아르누보'의 해방

19세기 말에 이르러, 지나친 절충주의와 엄격한 관학풍 사상은 포화상태에 이르고 시대착오적인 역사형식주의는 거부되었다. 이는 '현대사회'를 표현하기에 부적절했던 것이다. 따라서 건축과 장식을 통합하는 '아르누보'에 대한 토대, 즉 '공업'이라는 하나의 법칙만으로는 불가능한 기반을 마련코자 했던 이들은, 러스킨J. Ruskin과 모리스W. Morris가 했던 사회적 고딕 양식의 장인적 이해를 이용했다. 그들은 또한 비올레 르 뒤크가 당시 프로그램과 산업 시대의 기술방식 간에 합치를 꾀하며 '현대'를 전망한 것과 마찬가지로 합리주의적 해석에 유의했다.

여기에 덧붙여 자연nature은 새로운 장식언어에 영감을 주는 원천이 되었다. 식물의 물결모양과 다양한 형태의 꽃들뿐만 아니라 원시상태의 자연요소가 갖는 깊이 있는 리듬감 또한 영감을 주었다. 이 같은 '자연'이라는 모델에 대한 형식화는 고딕식 장식표현과 일본예술에 의해 부분적으로 변형되었다. '아르누보Art Nouveau' 건축물은 1890년대에서 1900년대에 걸쳐 약 15년간 널리 이어졌다. 이는 주로 1860년대에 태어난 건축가들의 몫이었다.

영국의 생활환경에 영향을 받은 브뤼셀의 지식층에서는, 오르타V. Horta(1861~1947)와 같은 건축가가 내부공간이 구조, 특히 철구조와 장식, 가구 등을 전체로 통합하는 리드믹한 지속체인 수많은 주택들을 지었다. 타쎌Tassel 저택(1893)과 솔베이Solvay 저택(1895) 등은 내부가 들여다보이고 채광이 좋은 까닭에 유동적이며 기능적인 특징을 갖는다. 그러나 철과 유리제품의 탁월한 사용은 주목할 만한 건축물인 인민 전당la Maison du Peuple(1895)의 건축에서 볼 수 있다. 오

↑ **그림 10-41** 오르타의 인민 전당 (1895)
↓ **그림 10-42** 기마르의 지하철역 입구

르타는 복합 프로그램에 사용하기엔 어려운 작은 부분으로부터 가장 좋은 것을 끄집어냈다. 이같은 건축적 실현은 오르타의 정치적 참여를 증명하는 것이었다. 장식에 대한 뛰어난 기교의 경향이 거의 없는 앙카르P. Hankar(1859~1901)로서는 브뤼셀의 씨암베를라니Ciamberlani 저택과 얀쎈Janssens 저택(1897~1898) 등에서 장식리듬을 위해 건축 질서를 우선시했다.

프랑스에서는 낭씨Nancy가 매우 활동적인 중심지의 역할을 했다.

미술상 빙S. Bing에 의해 아르누보가 효율적으로 선전된 곳인 빠리는 기마르H. Guimard(1867~1942)라는 개성 강한 인물에 의해 지배되었다. 기마르는 수많은 개인 건물을 지은 건축가로서 오늘날까지도 여전히 독창적이고 효과적인 빠리 지하철역 입구로 특히 잘 알려져 있다. 그러나 그의 상징적인 작품은 역시 카스텔 베랑제Castel Beranger(빠리16구, 1894~1898)라고 할 수 있으며, 이 건물은 복합 주거건물로서 그가 오르타Horta의 건물을 방문한 후에 다시금 설계되었다. 건물 내부와 마찬가지로 건물 정면의 용적, 재료, 개구부, 그리고 건축 장식들은 전통적인 건축과 동식물계에는 없는 새로운 형태를 구성했다.

비엔나에서는 1897년에 화가 클림트G. Klimt의 발의로 '쎄세씨옹 그룹'이 창립되었고, 1898년에는《베르 싸크럼Ver Sacrum》이라는 잡지가 간행됨에 따라 비엔나 시는 아르누보에 있어 유럽 제3의 중심지가 되었다. 또한 올브리쉬J. M. Olbrich(1869~1908)가 쎄세씨옹 관le Pavillon de la Secession을 건축함으로써 비엔나에는 단번에 비엔나만의 독특한 스타일의 자치가 이루어졌다. 자유롭고 무색의 좌우대칭인 동시에 장식요소가 제거되고 호르타나 기마르의 물결치는 관능미 스타일에 대해 그리고 신고전주의에 대해 냉소적인 용적 측량이 바로 그것이었다. 이렇듯 세련된 스타일은 호프만J. Hoffmann(1876~1956)의 건축물들, 특히 오스트리아 푸르케르스도르프Purkersdorf 요양소(1905)에서 급격히 발전했다. 이 요양소의 정확한 기하학은 이성주의적이고 위생학적인 흔적을 나타낸다. 그렇지만 그 표현방식은 매우 화려하고 세련된 스토클레 성le palais Stoclet(브뤼셀, 1905)을 본 땄다.

바그너O. Wagner(1841~1918)의 경우에는, 공식적 아카데미즘을 경이로이 다스리며 '쎄세씨옹'의 형태로 옮겨가게 되었다. 1899년

그림 10-43 쎄쎄씨옹 관

그림 10-44 바그너 저축은행(1905)

에 그는 여기에 가입했다. 거대한 꽃무늬가 있는 세라믹소재 정면
이 특징인 비엔나 마졸리카하우스la Majolikahaus(1897~1898)와 기념비
적인 동시에 완벽한 기능을 갖춘 저축은행la Caisse d'Epargne(비엔나,
1905)이 그러한 과정을 잘 보여준다.

　영국에서는 '미술공예조합Arts and Crafts' 운동으로 인해 아르누보
의 이입이 제약받는다. 글래스고Glasgow 시에 있는 메킨토시Ch. R.
Mackintosh의 작품들만이 비엔나 건물에 견줄만한 독창성을 지닌다.
예술학교l'Ecole d'art(1898~1909)와 힐하우스Hill House(1902~1904) 등
이 그 예에 속하며, 특히 힐하우스는 장식 없는 외관이 특징이나, 내
부와 가구 등의 우아함 또한 매우 자연스럽다.

　벨기에인 드 벨데H. Van de Velde(1863~1957)가 찬양한 것 또한 바
로 이러한 '통합적 건축'이었다. '통합적 건축'은 구조와 장식 그리
고 다양한 설비들을 통합한다. 훗날 1919년에 '바우하우스Bauhaus'
가 되는 독일 바이마르 장식학교의 운영을 맡기도 하고(1901년),
1906년에는 건축을 담당함으로써 드-벨데de Velde는 유럽에서의 그
의 명성을 확인시킨다.

← **그림 10-45** 매킨토시의 글래스고 예
　술학교(1898~1909)
→ **그림 10-46** 매킨토시의 글래스고 예
　술학교 도서관

그림 10-47 매킨토시의 힐하우스
(1902~1904)

카탈로니아 지방의 '현대주의le Modernismo'와 아르누보 운동을 결부시키는 것은 타당한 듯 보인다. 이러한 카탈로니아 지방의 '현대주의'의 선두는 단연 가우디A. Gaudi(1852~1926)라 할 것이다. 그의 작품 라-사그라다-파밀리아la Sagrade Familia(바르셀로나, 1883년. 현재도 건축 진행 중) 교회는 부분적으로 중세풍 양식에서 벗어난다. 특히 가우디의 바요르 저택Casa Batllo(바르셀로나, 1904~1906)는, 건물정면을 장식하는 기이한 조각과 은근한 다색 세라믹 재질로 인해 중세에 대한 강박관념으로부터 벗어난다. 이와 비슷한 종류의 또 다른 건물인 밀라 저택Casa Mila(바르셀로나, 1906~1910)은 보다 의미 있는 건축물로서 유동적이며 복잡한 배열로 절벽과 환상적 풍경을 흉내내는 건물정면을 지붕과 결합한다. 바로 여기서 건축가의 '자아ego'는 교묘히 표출되어 어느 정도 초현실주의의 전조가 되었다. 게다가

그림 10-48 가우디의 사그라다 파밀리아 내부
(바르셀로나, 건축 진행중)

그림 10-49 가우디의 사그라다 파밀리아 외부(바르셀로나, 건축 진행중)

이 작품은 건축과 조각의 참신한 관계의 발단이 된다. 이때부터 건물은 그 자체로서 '조각' 처럼 다루어졌다. 10여년 후에 르꼬르뷔지에는 이를 '모데나뛰르modenature'(건축에서 처마 언저리의 쇠시리 장식의 윤곽을 의미)이라 명명하게 되었다.

아르누보의 당사자들은 '도시계획' 에 대한 생각을 하지 않는다. 가우디의 구엘 공원Parc Guell(바르셀로나, 1901~1914)은 보기 드문 공적, 사적 시설 가운데 하나다. 기마르H. Guimard에 의한 움베르 드 로망Humbert de Romans 콘서트홀(빠리, 1897~1901)이나 오르타V. Horta의 앵노바씨옹 백화점le grand magasin innovation(브뤼셀, 1901~1903) 등이

그림 10-50 가우디의 바요르 저택
(1904~1906)

여기에 해당한다. 따라서 이러한 건축물들은 도시화의 맥락과는 무관한 건축의 대상물들이며 종종 하나의 소우주, 세련미를 지닌 섬, 대량생산과 집단행동에 대한 일종의 해독제 역할을 한다. 이것이 바로 1920년대에 현대주의 운동의 창시자들이 '누보로망'에 대해 비난을 가하는 점이 된다. 그러나 한편으로 현대주의 운동의 창시자들은 관학풍의 역사주의와 단절하고자 하는 의지를 인정한다. 현대주의 운동은 20세기에 들어와서 크게 발전하게 되고 다양한 형태의 건축과 도시계획이 출현하게 된다. 이 내용은 별도의 현대건축사에서 논하도록 한다.

그림 10-51 밀라 저택(1906~1910)

그림 10-52 가우디의 구엘 공원(1901~1914)

찾아보기

ㄱ

가글리아르디R.Gagliardi / 209

가드윈Godwin / 282

가브리엘A.-J. Gabriel / 227

가우디Gaudi / 258

가이아르Gaillard 성 / 128

개인저택들hotels particuliers / 177

갸르니에C. Garnier / 263, 271

게랭G. Guerin / 257

겨울궁전 / 242

고딕 방사형 창Gothique Rayonnant / 108

고띠에P. Gauthier / 261, 273

곡물시장hall aux bles / 230

골Gauls / 54

공두앙Gondoin의 외과학교 / 230

공회당Basilica / 67

과리니G.Guarini / 207

괴테Goethe / 254

구세주Redempteur 성당 / 159

구형 천장Cupola / 60

그라나다Granada 대성당 / 167

그란자Granja 성 / 193

그로모Gromo / 55

그로부와Gros-Bois 성 / 177

그리니치Greenwich 궁 / 197

그릭리바이벌Greek Revival / 243

글루체스터Gloucester 대성당 / 118

기계 전시실 / 266

기마르H. Guimard / 285, 290

기욤 드쎙스Guillaume de Sens / 116

기제Gizeh / 18

기즈Guise / 278

깁스J.Gibbs / 219

까르도Cardo / 55

까미오 지떼Camillo Sitte / 281

까삐똘Capitole / 56, 151, 195

까사지오코자Casa Giocosa / 132

까쎄로Cassero / 153

까오르Cahors / 90

까푸아Capoua / 56

깜빠니아Campania / 53

깜뽀piazza del Campo, Sienna 광장 / 95

꺄베E. Cabe / 278

껑Caen / 84

꼬두씨M. Codussi / 142

꼬땅셍P. Cottancin / 258

꼬르나로Cornaro 예배당 / 201

꼬르네르-스피넬리Corner-Spinelli / 142

꼬르드므와J.-L. de Cordemoy / 224

꼬이펠A. Coypel / 189

꼴레쥬 데 꺄트르나씨옹College des Quatre-Nations / 181

꼴로나드Colonnade / 189

꼴베르Colbert / 184

꽁끄Conques / 87

꽁따멩V. Contamin / 266

꽁씨데랑V. Considerant / 278

꾸땅스Coutances / 108

꾸젱V. Cousin / 260

끌레르몽 페렁Clermont-Ferrand / 108

끌뤼니Cluny / 92

ㄴ

나르본느Narbonne / 108

나보나Navona광장 / 201

나폴리Napoli / 57

낭씨Nancy / 284

네노H. P. Nenot / 274

네로Nero 황제 / 63

노트르담 드끌레리Notre-Dame-de-Clery / 114

노트르담 라그랑드Notre-Dame-la-Grande 성당 / 90

노트르담Notre-Dame 대성당 / 105, 114, 116, 121

놀리Noli / 81

높은 전망대Belvedere superieur / 211

뉴게이트New Gate 형무소 / 235

뉴만B. Neumann / 213

능묘Mausoleum / 63

니네브Nineveh / 28

님므Nimes / 62

님펜부르그Nymphenburg / 213

ㄷ

다마스쿠스Damascus / 67

다비A. Darby / 264

다상갈로A.C. Da Sangallo / 147

다쌍갈로G. Da Sangallo / 158

다우닝컬리지Downing College / 243

다휄트르V. Da Feltre / 132

댄스주니어G. Dance Junior / 235

더그데일 경Sir W. Dugdale / 249

더비셔어Derbyshyre / 198

데뀌마누스Decumanus / 55

델라바떼N. Dell'Abbate / 164

델라뽀르따G. Della Porta / 147

델엘바하리DEL-EL-BAHARI / 23

도나또 브라만테Donato Bramante / 143

도르베F. D'Orbay / 185

도리아뚜르시Doria-Tursi 궁 / 154

도무스 오레아Domus Aurea / 62

도미티안Domitian 황제 / 63

도킨즈J. Dawkins / 223

도핀느 광장Place Dauphine / 154, 173

둥근 원통형 천장Vault / 60

뒤께스니F. A. Duquesney / 273

뒤에리씨에 드 제르빌Duherissier de Gerville / 80

듀랑J. N. L. Durand / 225

듀터Dutert / 268

드 벨데H. Van de Velde / 287

드꼬르또네P. de Cortone / 183

드꼬몽A. de Caumant / 256

드롬Drome / 127

드보도A. de Baudot / 258

드브레F. Debret / 256

드빌라누에바I. de Villanueva / 241

드쎄르메P. Cabanel de Sermet / 273

디안Deane / 264

디엔젠호퍼Dientzenhofer / 211

디오니수스Dionisus 극장 / 47
디오스쿠리Dioscuri / 54
디오클레티안Diocletian / 67
디용Dillon / 264
디조르지오 마르띠니Di Giorgio Martini / 139, 149
떼아트르 프랑쎄Theatre Francais / 229
똘레도Toledo 대성당 / 122
뚜르뉴스Tournus / 82
뚜르Tours / 83
뚤루즈Toulouse / 92, 108, 109

ㄹ

라똔느Latone 분수 / 189
라리브아지에르 병원 / 261, 276
라메세움Ramesseum 신전 / 26
라브루스트H. Labrouste / 275
라쉬Lassus / 257
라우렌치아나 도서관 / 151
라Ra / 24
라이트F. L. Wright / 258
라티움Latium / 53
라틴Latin / 52, 53
라파엘로Raphaelo / 145
란트슈트Landshut / 121
랑간K. G. Langhans / 244j
래드클리프Dr. Radcliffe 도서관 / 219
랭스Reims 성당 / 102, 108
러스킨J. Ruskin / 250, 283
런던 수정궁 / 266, 268
런던 탑 / 127
레뢰E. Lheureux / 276
레무스Remus / 52

레버 사Societe Lever / 282
레스꼬P. Lescot / 164
레썽마르슈les Cent Marches / 189
레옹Leon 대성당 / 123
레이노L. Reynaud / 275
레치워쓰 / 282
로돌리C. Lodoli / 225
로라나L. Laurana / 139
로마Roma / 52
로마네스크Romanesque / 80
로마노G. Romano / 149
로뮬루스Romulus / 52
로슈Loches / 127
로쎄띠B. Rossetti의 다이아몬드 궁 / 142
로쎌리노B. Rosselino / 139, 144
로씨K. I. Rossi / 242
로얄 인퍼머리 병원Royal Infirmary / 261, 277
로얄 크레센트Royal Crescent / 237
로지에Laugier / 249
롱Laon / 105
롱게나B. Longhena / 206
롱글리트Longleat / 169
롱들레J.-B. Rondelet / 225
롱바르드Lombards / 80
롱샹Longchamp 궁 / 262
루라고R. Lurago / 154
루뱅Louvain / 95
루브르Louvre 궁 / 128
루쏘P. Rousseau / 228
루이V. Louis / 228
루첼라이Rucelai 궁전 / 141
룩소르Luxor / 21

뤼Rue / 114

뤽썽부르그Luxembourg / 178

르겐스부르그Regensburg / 246

르그랑트리아농Le Grand Trianon / 189

르까뮈스 드메지에르Lecamus de Mezieres / 230

르 꼬르뷔지에Le Corbusier / 278

르네상스Renaissance / 132

르노트르A. Le Notre / 183

르두C. N. Ledoux / 230, 232

르메르씨에J. Lemercier / 178

르보L. Le Vau / 178

르브렁Le Brun / 181, 183, 185

르브르통G. Le Breton / 163

르호와J.-D. Le Roy / 223

리고리오P. Ligorio / 157

리나치따Rinascita / 132

리베트N. Revett / 223

리볼리Rivoli 거리 / 240

리부른느Livourne / 197

리슐리유Richelieu 도시 / 179

리전트 스트리트Regent Street / 237

리지유Lisieux / 108

리차드슨B. W. Richardson / 278

리퍼블리칸Republican / 54

릭스Rijks 박물관 / 261

링컨Lincoln 대성당 / 117

ㅁ

마담빌라Villa Madame / 156

마데르노C. Maderno / 150

마레Marais 왕립 광장Place Royale / 173

마르첼루스Marcellus 극장 / 62, 74

마를리Marly 주거 / 191

마리아힐프커셰Mariahilfkirche / 255

마스터바Mastaba / 15

마제르 병원Hopital Majeur / 138

마졸리카하우스la Majolikahaus / 287

마케도니아Macedonia / 54

마크앙뚜안느 로지에Marc-Antoine Laugier / 224

막센티우스Maxentius 황제 / 65

만토바Mantova / 138

말라 스트라나Mala Strana / 211

망사르F. Mansart / 178, 180

메디치Medicis / 140

메뜨조Cl. Metezeau / 178

메종꺄레Maison Carree / 62

메종 성chateau de Maisons / 180, 193

메츠Metz 대성당 / 112

메킨토시Ch. R. Mackintosh / 287

멘히르Menhir / 14

모네C. Monet / 273

모리스W. Morris / 251, 283

몬떼펠트르Montefeltre 공작 궁전 / 140

몬또리오Montorio / 143

몽마르트르Montmartre / 228, 258

몽빠지에Montpazier / 95

몽쥬G. Monge / 226

무데하르Mudejar / 123

문두스Mundus / 56

므와싹Moissac / 91

미네르바Minerva광장 / 201

미네르바 메디카Minerva Medica 신전 / 65

미노스Minos 궁전 / 32

미노아Minoa / 32

미디Midi 지방 / 109

미래의 전원도시Garden-cities of Tomorrow / 281

미스반데로Mies van der Rohe / 258

미어워쓰 성Mereworth Castle / 234

미케네Mycenae / 32

미케리누스Mykerinus / 18

미켈란젤로Michel-Angelo / 147

미켈로쪼Michelozzo / 140, 149

민덴Minden 대성당 / 121

밀라노 / 138

ㅂ

바그너O. Wagner / 285

바도어Badoer 빌라 / 158

바르바로Barbaro 빌라 / 158

바르셀로나 대성당 / 124

바르체스Barchesse / 158

바벨성Chateau de Wawel / 172

바비에르Baviere / 193

바빌론Babylon / 27

바쓰Bath 시 / 237

바우하우스Bauhaus / 287

바자리Vasari / 154

바탈하Batalha 수도원 / 124

박물관Museum / 231

반아이크Van Eyck / 116

발드그라쓰Val-de-Grace 교회 / 179

발드그라쓰Val-de-Grace 성당 / 191

발렝들라모뜨J. B. M. Vallin de la Motte / 242

발론Barlon / 273

백색 탑White Tower / 127

밴부룩J. Vanbrugh 경 / 218

멀든Boulton / 265

벙돔Vendome / 113, 191, 194

베끼오Vecchio 다리 / 130

베르뉘호텔Hotel de Bernuy / 166

베르니께E. Verniquet / 228

베르니날루스Verninalus / 53, 67

베르니니Bernini / 184, 201

베르사이유 성 / 185

베리C. Barry / 260

베수비오Vesuvius / 57

베스타Vesta 신전 / 69

베스파시안Vespasian / 75

베쓰Bath 수도원 / 118

베즐레의 마들렌느 교회당 / 89, 91, 257

베키아Vecchia 도서관 / 195

벤드라민-깔레르지Vendramin-Calergi 궁전 / 142

벨랑제Belanger / 228, 264

벨렘Belem / 167

벨베데르Belvedere 중정 / 144

뱅쎈느Vincennes 성 / 128

보 르 비꽁뜨Vaux-le-Vicomte / 181, 183

보드르메르J. A. E. Vaudremer / 277

보로미니Borromini / 204

보르도Bordeaux / 108

보베Beauvais 성당 / 102

보아리움Boarium / 54

보이세이Ch. A. Voysey / 251

보쥬 광장Place des Vosges / 173

본느Beaune 시 / 98

본클렌쯔L. Von Klenze / 245

볼테르Voltaire / 228

봉 마르셰Bon marche 백화점 / 274

부다페스트 의사당 / 262

부뤼즈 / 100

부르고스Burgos 대성당 / 122, 123

불레E. L. Boullee /230

불레테리온Buleuterion / 37

브라만테Bramante /145, 149

브라운S. Brown /265

브라이스D. Bryce /261

브란데부르그Brandebourg 개선문 /244

브랑꼬니오Branconio 궁전 /151

브롱니아르Th. Brongniart /228

브루넬레스키F. Brunelleschi /133, 149

브루Brou 수도원 교회 /114

브뤼네Brunet /264

브뤼셀 /284

브뤼쥬Bruges /96

브리티쉬 박물관British Museum /275

브왈로L. A. Boileau /263, 274

블레랑꾸르Blerancourt 성 /177

블렌하임Blenheim 성 /218

블롱델F. Blondel /193, 203, 248

블루와Blois 성 /161, 180

비뇰레Vignole /156

비르쯔부르그Wurtzbourg 주거 /193

비비에나Bibiena /213

비에르젠하일리겐Vierzehnheiligen / 212

비에이으 싸크리스티La Vieille Sacristie 교회당 / 135

비엔나 / 121

비올레 르 뒤크E. E. Viollet-le-Duc / 257

비첸자Vicenza / 154, 155

비트루비우스Vitruvius / 234

빌라 로톤다Villa Rotonda / 157

빌라데스떼Villa d'Este / 157

빌라메디치Villa Medicis / 158

빠레 르모니알Paray-le-Monial / 87

빠리Paris / 105

빠리 국립도서관 / 275

빠리 동역 / 273

빠리 북역 / 273

빠리블레les bles de Paris / 264

빠리 쌍떼 감옥Maison d`Arret de la Sante / 277

빠리 중앙시장les Halles centrales de Paris / 274

빠리의 오페라관 / 263

빠리왕립광장Place Royale / 154

빠리 출입세 징수관문Barrieres d'octroi / 233

빠치Pazzi 교회당 / 135

빨라디오Palladio / 155, 158

빨라디오주의Palladianism / 218, 234

빨레르모Palermo / 153

빳뜨P. Patte / 225

빵떼옹Pantheon / 225, 227

뻬로Cl. Perrault / 184

뻬로네Perronet / 225, 269

뻬르M.-J. Peyre / 224, 228

뻬르씨에Percier / 240, 265

뻬르와 드와일리 / 229

뻬리귀으Perigueux / 90

뽀뿔로Popolo 광장 / 153

뽀지오 아 까이아노Poggio a Caiano 빌라 / 195

뽕데자르le pont des Arts / 264

쁘띠트리아농Petit Trianon / 227

쁘랭땅Printemps 백화점 / 274

쁘리마티스Primatice / 164

쁘와티에Poitier / 90

삐라네지G. Piranesi / 223

삐에르마리니G. Piermarini / 241

삐에르퐁 성Chateau de Pierrefonds / 257

삐엔자Pienza / 139

삐티Pitti 궁전 / 141

ㅅ

사당 주택Shrine dwelling / 14

사비니Sabini / 53

산미니아또San Miniato / 91

산 에스테반San Esteban 교회 / 216

산타 마리아 드리뽈Santa Maria de Ripoll / 91

산타마리아델피Santa Maria del Pi 교회 / 123

산티아고 드 꼼뽀스텔라Santiago de Compostela / 215

살라망카Salamanca / 216

30교회의Concile de Trente / 158

상파라고리오San Paragorio 성당 / 81

새턴Saturn / 54

샐리스버리Salisbury / 15

생뜨 마리마제르Sainte-Marie-Majeure 성당 / 81

생라자르역 / 273

샤르트뢰즈Chartreuse 수도원 / 216

샤르트르Chartres 대성당 / 108, 114

샤를르 보로메Charles Borromee / 158

샤스뗄A. Chatel / 223

샬그랭J. F. T. Chalgrin / 229

샹보르Chambord 성 / 163

샹빠뉴Champagne 지방 / 113

성마틴Saint-Martin 성당 / 121

성 베드로광장 / 201

성 베드로Saint-Pierre성당 / 144, 201

성 으젠느Saint-Eugene 성당 / 264

성 제롬saint Jerome 회의 수도원 / 167

성 필리베르Saint-Philibert 수도원 / 82

세디유P. Sedille / 274

세르비안Servian / 54

세베리Severi / 65

세인트-팬크라스Saint-Pancras 역 / 273

셉티미우스 세베루스Septimius Severus 황제 / 65

셔Shaw / 282

소금공장Saline / 233

소르본느Sorbonne 교회 / 179

소머셋하우스Somerset House / 235

솔베이Solvay 저택 / 283

쇠라G. Seurat / 266

쇼스피엘하우스Schauspielhaus / 244

쇼쎄당땡Chaussee d'Antin / 228

쇼Chaux / 233

숀브룬Schonbrunn 성 / 210

수뻬르가Superga 공회당 / 206

수플로Soufflot / 248

쉘도니안Sheldonian 극장 / 197

성켈K. F. Schinkel / 244

슈거Suger 사제 / 104

슈농쏘Chenonceaux 성 / 161

슈르리구에라J.-B.Churriguera / 216

슈바비슈 그문트Schwabisch Gmund / 121

스미크S. Smirke / 275

스칼라Scala 극장 / 241

스코트G. G. Scott / 259, 273

스타인하우젠Steinhausen / 212

스텐들I. Steindl / 262

스토아Stoa / 37

스토클레 성le palais Stoclet / 285

스톤헨지Stonehenge / 14

스튜아트J. Stuart / 223

스트라스부르그Strasbourg 대성당 / 101, 112

스트로우베리 힐Strawberry Hill / 249

스트로찌Strozzi 궁전 / 141

스파다Spada 궁 / 154

스파르타Sparta / 35

스페인 광장 / 144

승리 광장Place des Victoires / 194

시에나Siena / 94, 124

시저Caesar / 68

시토Citeaux수도회 / 124

식스트 퀸트Sixte Quint / 153

식스틴Sixtine 성당 / 152

신그리스 양식Neo-grec / 243

신앙전파학교college de la Propagation de la Foi / 205

신전참도Dromos / 21

십자군의 성Krak des Chevaliers / 128

싸삐앙스Sapience대학 / 205

싸체티Sacchetti 궁 / 154

싸크레꿰르Sacre-Coeur 대성당 / 257

싼 까를로 알레 꽈트로 폰따네San Carlo alle Quattro Fontane 교회 / 204

싼 딴드레아 알 퀴리날레Sant 'Andrea al Quirinale 교회 / 202

싼 로렌조San-Lorenzo 교회 / 207

싼루이 드 세빌리아San Luis de Sevilla / 217

싼 지오르지오 마지오레San Giorgio Maggiore 성당 / 159

싼미첼리M. Sanmicheli / 154

싼삐에트로 신전Tempietto di San Pietro / 143

싼쏘비노Sansovino / 151

싼타마리아 델라 쌀루떼Santa Maria Della Salute 교회 / 206

싼타마리아 디 까린냐노Santa Maria di Carrignano / 160

쌀리스버리Salisbury 성당 / 117

쌀뻬트리에르Salpetriere 병원 / 193

쌍갈로Sangallo / 154

쌩기Saint-Guy 대성당 / 121

쌩 이그나스 드 로욜라saint Ignace-de-Loyola / 214

쌩 작끄 드꼼뽀스텔Saint-Jacques-de-Compostelle의 수도원 / 91

쌩 쟝 밥띠스뜨Saint-Jean-Baptiste 교회당 / 257

쌩 쟝드크르와saint Jean-de-la-Croix / 214

쌩 정 네포뮤쩬느Saint-Jean-Nepomucene / 212

쌩 테레즈Sainte-Therese / 214

쌩니꼴라 드뽀르Saint-Nicolas-de-Port 교회 / 113

쌩니꼴라Saint-Nicolas 교회 / 211

쌩드니 성당 / 114, 115

쌩드니Saint-Denis 수도원 / 104, 256

쌩떼띠엔느 뒤몽 성당 / 166

쌩떼띠엔느Saint Etienne 성당 / 84, 90, 105, 122

쌩떼스프리 교회당Chapelle du Saint-Esprit / 114

쌩떼스프리 Saint-Esprit 공회당 / 135

쌩뜨떼레즈 sainte Therese / 201

쌩뜨마리누벨르 / 124

쌩뜨 마리 들라빼Sainte-Marie-de-la-Paix / 143

쌩뜨마리들라빅뚜아르Sainte-Marie-de-la-Victoire 교회 / 201

쌩뜨샤펠Sainte-Chapelle 성당 / 116

쌩뜨수잔느Sainte-Suzanne 교회 / 178

쌩뜨-쥬느비에브Sainte-Genevieve / 225, 275

쌩뜨프와Sainte-Foy 성당 / 87

쌩로렁Saint-Laurent 공회당 / 135

쌩로렁Saint-Laurent 성당 / 152

쌩루이Saint Louis 섬 / 176

쌩마르땡Saint-Martin / 83

쌩미셸Saint-Michel 교회당 / 86, 171

쌩브느와 쒸르 르와르Saint-Benoit-sur-Loire 성당 / 91, 102

쌩뽈 에 바르나베Saints Paul ct Barnabc / 160

쌩샤를르Saint-Charles / 205

쌩샤를르보로메Saint-Charles-Borromee봉헌교회 / 210

쌩샤뻴Saint-Chapelle 성당 / 112

쌩싸벵쒸르가르땡쁘Saint-Savin-sur-Gartempe / 91

쌩쎄르넹Saint-Sernin / 92

쌩쒸에르Saint-Suaire 대성당 / 207

쌩씸포리엥 드 몽트레이으 Saint-Symphorien-de-Montreuil 성당
/ 230

쌩앙드레Saint-Andre 교회당 / 138

쌩위르벵Saint-Urbain 성당 / 112

쌩유스타슈Saint-Eustache 성당 / 163

쌩이브Saint-Yves 교회 / 205

쌩작끄드꼼뽀스텔Saint-Jacques-de-Compostelle / 92

쌩쟝Saint-Jean 교회 / 258

쌩제르멘Saint-Germain / 228

쌩졍 드브와 르뒤크Saint-Jean de Bois-le-Duc 대성당 / 122

쌩죠르쥬Saint-Georges 교회 / 209

쌩질르뒤갸르Saint-Gilles-du-Gard / 92

쌩페테르스부르그Saint-Petersbourg 미술원 / 242

쌩프랑수와 다씨즈Saint-Francois d'Assise 공회당 / 124, 125

쌩프롱Saint Front 교회 / 90

쌩필립뒤룰르Saint-Philippe-du-Roule 교회 / 229

썽리스Senlis 대성당 / 115

썽스Sens 대성당 / 105

쎄르다I. Cerda의 바르셀로나 도면 / 279

쎄를리오Serlio / 155, 164

쎄세씨옹 관le Pavillon de la Secession / 285

쎄싸르Cessart / 264

쎄인트 마틴 인더필즈Saint-Martin- in-The-Fields / 219

쎄인트스테판Saint-Stephen 교회 / 197

쎄인트앤즈Saint-Anne's 교회 / 219

쎄인트죠오지 인디이스트Saint George in The East / 219

쎄인트폴Saint-Paul 성당 / 197

쏘운J. Soane / 236

쑤플로Soufflot / 225

씨암베를라니Ciamberlani 저택 / 284

ㅇ

아고라Agora / 36

아그립빠Agrippa / 69

아낙시만드레 드 밀레Anaximandre de Milet / 36

아드리안Hadrian 황제 / 63, 73

아드리안 황제 빌라Hadrian Villa / 65

아드리안 황제의 능묘Castel S. Angelo / 70

아레발로L.de Arevalo / 216

아르누보Art Nouveau / 283

아르두엥 망사르J. Hardouin-Mansart / 189

아름므Arme 광장 / 197

아물리우스Amulius / 52

아미엥Amiens / 108, 115

아바디P. Abadie / 261

아베리노A. Averino / 138

아벤티누스Aventinus / 53

아부심벨Abu-Simbel 신전 / 26

아비뇽Avignon의 교황청 / 128

아쎄자호텔Hotel d'Assezat / 166

아우구스타Augusta 병원 / 276

아우구스토 임뻬라또레Augusto Imperatore / 70

아우구스투스Augustus / 60

아우구스투스 능묘Mausoleum / 62

아제 르 히도Azay-le-Rideau 성 / 161

아치Arch / 60

아크로폴리스Acropolis / 38

아테네Athene / 35

아테나 파르테노스Athena Parthenos / 44

아테네 니케Athene Nike 신전 / 39

아트레우스Atreus / 34

아폴로도로스Appolodoros / 67

아푸에라Afuera 병원 / 168

안네 성Chateau d'Anet / 164

알라브완느F.-A. Alavoine / 257

알레씨G. Alessi / 160

알베르티L.B. Alberti / 136

알봉Albon / 127

알비Albi 대성당 / 109

알트Altes 박물관 / 244

암마나띠Ammannat / 149

암몬Ammon / 24

앙굴렘Angouleme의 대성당 / 90

앙뚜완느Antoione / 230

앙리 4세 / 154

앙씨엥레짐Ancien Regime / 228

앙카르P. Hankar / 284

애밀리아Aemilia / 68

앵노바씨옹 백화점le grand magasin innovation / 290

앵드르Indre / 127

앵발리드Invalides 교회 / 191

에거트H. Eggert / 273

에게 / 34

에꼴 데 보자르l'Ecole des Beaux-Arts / 260

에꾸엉 성Chateau d'Ecouen / 166

에딘버러 고등학교 / 243

에렉티온Erechtheion 신전 / 39

에르레라J. de Herrera / 168

에브르Evreux 대성당 / 116

에스뻬랑디유H. Esperandieu / 262

에스퀼리누스Esquilinus / 53

에투르스코 로만Etrusco Roman / 58

에투르스크Etrusque / 57

에트루리아Etruria / 53

에트루스칸Etruscan / 52, 53

에펠G. Eiffel / 266

에프너J.Effner / 213

에피다우로스Epidauros / 47

엘 에스꼬리알El Escorial / 168

엘람Elam 왕 / 27

엘리오Elio 다리 / 73

엘리Ely 대성당 / 118

엠네클레스Mnesicles / 39

엥겔C. L. Engel / 242

예술공예Arts and Crafts / 251

예술학교l'Ecole d'art / 287

오디쉬Ordish / 273

오뗄 데 모네Hotel des Monnaies / 230

오뗄디유Hotel-Dieu 병원 / 98

오뗄작끄꿰르Hotel Jacques-Coeur / 100

오랑쥬Orange / 62

오랑쥬리Orangerie / 189

오르비에또Orvieto / 125

오르타V. Horta / 283, 290

오를레앙 갤러리 / 265

오베르마르크탈Obermarchtal 수도원 / 212

오벨리스크Obelisk / 23

오스크Osques / 57

오스티아Ostia / 59, 65

오쓰망Haussmann / 274, 279

오쓰망G. E. Haussmann의 파리 도면 / 279

오웬R. Owen / 278

옥스퍼드 대박물관 / 264

올 뮐러J. D. Ohl-Muller / 255

올림피에이온Olympieion 신전 / 47

올브리쉬J. M. Olbrich / 285

와트Watt / 265

왈할라Walhalla / 246

왕립도서관Bibliotheque royale / 231

왕실 경비대 / 244

우드R. Wood / 223

우드워드Woodward / 264

우르빈Urbin / 140

움베르 드 로망Humbert de Romans 콘서트홀 / 290

월폴H. Walpole / 249

웰스Wells 성당 / 117

웰윈 전원도시Welwyn Garden City / 282

위고Hugo / 256

윌킨스W. Wilkins / 243

유리갤러리Galerie des Glaces / 185, 189

이그나스 드 로욜라Ignace de Loyola / 158

이니고 존스Inigo Jones / 195

이또르프I. Hittorff / 224, 273

이뽀다모스 드 밀레Hippodamos de Milet / 36

이슈타르Ishtar / 28

이프르Ypres / 96

익티누스Ictinus / 44

인드리추브 흐라덱 성Chateau de Indrichuv Hradec의 교회당
 / 172

인민 전당la Maison du Peuple / 283

일드프랑스Ile-de-France / 104

임호텝Imhotep / 18

ㅈ

자꼬뱅Jacobins 교회 / 109

자카로브A. D. Zakharov / 242

쟝도르베Jean d'Orbais / 102

쟝뷜랑Jean Bullant / 166

저축은행la Caisse d'Epargne / 287

전원교외banlieu-jardin / 282

제3 끌뤼니Cluny III 수도원 / 87

제수Gesu 성당 / 159

젬퍼G. Semper / 224

조르지오 마르띠니F. Di Giorgio Martini / 139

조브 옵티무스 막시무스Jove Optimus Maximus / 54

조세르Zoser / 18

존 네슈John Nash / 237

존스O. Jones / 268

존우드John Wood / 237

중앙광장Plaza Mayo / 216

쥐미에쥬Notre-Dame de Jumieges / 83

쥴리아Julia / 68

지울리아Giulia 빌라 / 156

ㅊ

체임버즈W. Chambers / 235

쳄버W. Chambers / 223

챗스워스Chatsworth 성 / 198

추기경 궁palais Cardinal / 179

치스윅 저택Chiswick House / 234

치에리카티Chiericati 궁 / 154

ㅋ

카라카손 / 94

카라칼라Caracalla 목욕장 / 67, 78

카라칼라Caracalla 황제 / 65, 73

카르낙Karnac / 21

카르카손 성cite de Carcassonne / 257

카르타고Cartago / 54

카스텔델몬떼Castel Del Monte / 128

카스텔 베랑제Castel Beranger / 285

카탈로니아Catalan / 123, 258

카탈 후유크Catal Huyuk / 14

카터J. Carter / 254

카피톨리누스Capitolinus / 53, 67

칼리크라테스 / 44

칼스타인Karlstein 성 / 128

캄푸스 마르티우스Campus Martius / 70

캄피돌리오Campidoglio / 67

캔터베리Cantorbery 대성당 / 116

캘리아누스Caelianus / 53

캠벨C. Cambell / 234

컴버랜드 테라스Cumberland Terrace / 237

케사르Caesar / 60

케스텔C. A. Questel / 259

케오프스Cheops / 18

케임브리지 / 118

케프렌Chephren / 18

코린트Corinthe / 35

코린티안식 기둥Corinthian Order / 47

콘스탄틴Constantine 황제 / 65

콘스티우스Constius / 47

콘즈Khons 신전 / 21, 27

콜로세움Colosseum / 63, 74

콜브룩데일Coalbrookdale / 264

쾰른 대성당 / 121, 255

퀴퍼스P. J. H. Cuijpers / 261

퀸즈 스퀘어Queen's Square / 237

퀼리날루스Quilinalus / 53

큐Kew 공원 / 235

크노소스Knossos 왕국 / 32

크라이스트Christ 교회 / 219

크라코비Cracovie / 172

크랜드버리 파크Crandbury Park 거실 / 236

크레테Crete 섬 / 32

크리스토퍼렌Christopher Wren / 197

크리스토프Christoph / 211

클림트G. Klimt / 285

킹스컬리지King's College 교회당 / 118

킹즈 서커스King's Circus / 237

ㅌ

타뷸라리움Tabularium / 60, 68

타쎌Tassel 저택 / 283

탁자석Dolmen / 14

테베Thebes / 15

테일러R. Taylor / 235

토테미즘Totemism / 21

트라얀 포럼Trajan' s Forum / 67

트라얀Trajan 황제 / 63

트루아르Trouard / 230

트루와Troyes의 쌩위르방Saint-Urbain 교회 / 116

트르와Troyes / 112

트리니떼Trinite 교회 / 84

트리니떼Trinite 성당 / 113

트리니티컬리지Trinity College 도서관 / 198

트위드Tweed 강 적교 / 265

티린스Tiryns 궁전 / 34

티볼리Tivoli / 63, 65

티투스Titus / 75

티투스 개선문 / 63

팀가드Timgad / 56

ㅍ

파노프스키E. Panofsky / 107

파르테논Parthenon 신전 / 39

파에스툼Paestum / 57

판테온Pantheon / 63, 69

팔라티누스Palatinus / 53, 67

팔랑스테르phalanstere / 278

패스토스Phaestos 궁전 / 34

팩스턴J. Paxton / 266

페리스타일Peristyle / 65

페인J. Paine / 235

포럼Forum / 53, 67

포르투나 비릴리스Fortuna Virilis 신전 / 69

포시도니아Posidonia / 57

포추올라Pozzuola / 60

포트-썬라이트Port Sunlight / 282

폰슈미트F. von Schmidt / 262

폼페이Pompei / 57, 154, 222

퐁뗀느Fontaine / 240, 265

퐁뗀블로 성Chateau de Fontainebleau / 164

푸께Fouquet / 183

푸르케르스도르프Purkersdorf 요양소 / 285

푸 리에Ch. Fourier / 278

푼트하우스Funthaus 교회 / 262

퓌겐A. W. N. Pugin / 250

프라도Prado 박물관 / 241

프란츠메르텐Franz Mertens / 104

프란타우어J. Prandtauer / 211

프랑수와 1세 측면관 / 161

프랑스 광장Place de France / 173

프랑스 이공과대학Ecole polytechnique / 269

프랑스 토목학교Ecole des ponts et chaussees / 269

프랑크푸르트 역 / 273

프로필레온Propylaeon / 39

프리드릭-베르데르세Friedrich-Werdersche 성당 / 254

프리엔느Priene / 37, 56

프리타네Prytane / 37

프릿챠드Pritchard / 264

플라비안 원형극장Flavian Amphitheater / 74

플라잉버트레스Flying buttress / 104

플로렁띤 로쏘Florentine Rosso / 164

피라미드Pyramid / 15

피렌체 / 124

피렌체 대성당 / 133

피렌체 사무소Uffici / 154

피렌체 어린이 병원 / 135

피서 본 에흘라크J.-B. Fischer Von Erlach / 210, 213, 223

필라레떼Filarete / 149

필립 오귀스트Philippe Auguste 왕 / 128

필립&리Philip&Lee 면방직공장 / 265

필베르 들로름므Philibert Delorme / 164

ㅎ

하드위크홀Hardwick Hall / 170

하워드E. Howard / 281

하이델베르그 성Chateau de Heidelberg / 170

함무라비 왕 / 27

핫셉수트Hatshepsut / 23

해군성 복합기지 / 242

해밀턴Th. Hamilton / 243

햄톤Hampton 궁전 / 198

햄톤코어트Hampton Court / 169

허스트몬스Hurstmonceux 성 / 129

헤로데스 아티쿠스Herodes Atticus 극장 / 47

헤로도투스Herodotus / 18

헤르모도루스Hermodorus / 69

헤르쿨라늄Herculanum / 222

헤트루Het Loo 성 / 193

헬싱키 하원 광장 / 242

호가르쓰Hogarth / 235

호프만J. Hoffmann / 285

혹스무어N. Hawksmoor / 219

후라이부르그Fribourg 대성당 / 121

후레멩M. de Fremin / 224

휘구에로아L. de Figueroa / 217

힐데브란트L. Von Hildebrandt / 211

힐데자임Hildesheim / 86

힐하우스Hill House / 287

사진 출처

그림1-5 케오프스 왕 피라미드 (출처 Ricardo Liberato, 위키피디아 프랑스)

그림2-1 크노소스 왕국의 미노스 궁전 (출처 Malki, 위키피디아 폴란드)
그림2-11 프리엔느 극장 (출처 Wolfgang Glock, 위키피디아 프랑스)

그림3-4 북아프리카 팀가드 (출처 Anna Stryjewska, 위키피디아 프랑스)
그림3-5 프리엔느의 불레테리온 (출처 Wolfgang Glock, 위키피디아 프랑스)
그림3-7 파에스툼 (출처 Oliver-Bonjoch, 위키피디아 프랑스)

그림4-1 뚜르뉘스의 성 필리베르 수도원 (출처 Morburre 위키피디아 프랑스)
그림4-2 성 필리베르 수도원 내부 (출처 Morburre 위키피디아 프랑스)
그림4-3 뚜르의 쌩마르땡 공회당 (출처 Parsifall 위키피디아 프랑스)
그림4-8 트리니떼 수도원 내부 (출처 Karldupart 위키피디아 프랑스)
그림4-9 트리니떼 수도원(11세기 말) (출처 Karldupart 위키피디아 프랑스)
그림4-15 꽁끄의 쌩드프와 성당 (출처 Daniel CULSAN 위키피디아 프랑스)
그림4-19 마들렌느 교회당 내부 궁륭천장 (출처 Jerome Villette 위키피디아 프랑스)
그림4-20 뻬리귀으의 쌩프롱 성당 (출처 Pere Igor 위키피디아 프랑스)

그림5-3 프랑스 남부 몽빠지에 (출처 MOSSOT 위키피디아 프랑스)
그림5-6 루벵의 화려한 장식으로 된 시청 (출처 위키피디아 벨기에)
그림5-7 브뤼쥬 (출처 Tbc 위키피디아 벨기에)
그림5-8 이프르 (출처 Nolf 위키피디아 벨기에)
그림5-14 본느 시의 오뗄디유 병원 (출처 Olivier Vanpe 위키피디아 프랑스)
그림5-21 쌩드니 수도원, 일드 프랑스 건축 (출처 Beckstet 위키피디아 프랑스)
그림5-27 롱 노트르담 대성당 입면 (출처 SieBot 위키피디아 프랑스)
그림5-38 쌩샤뻴 성당 내부 (출처 Didier B 위키피디아 프랑스)
그림5-39 빠리의 쌩샤뻴 성당 (출처 Beckstet 위키피디아 프랑스)
그림5-60 쌩프랑수와 다씨즈 공회당 (출처 Berthold Werner 위키피디아 이탈리아)
그림5-66 뱅쎈느 성 (출처 Chatsam 위키피디아 프랑스)

그림8-1 나보나 광장 (출처 Myrabella 위키피디아 이탈리아)

그림8-10 주바라(1678~1736)의 수뻬르가 공회당 (출처 Rollopack 위키피디아 이탈리아)

그림8-12 쇤부른 성 (출처 David.Monniaux 위키피디아 독일)

그림8-16 산티아고 드 꼼뽀스텔라의 로마식 대성당 (출처 Luis Miguel Bugallo Sanchez 위키피디아 스페인)

그림8-20 블렌하임 성 (출처 Nev1 위키피디아 영국)

그림8-21 래드클리프 도서관, 옥스퍼드 (출처 DAVID ILIFF. License: CC-BY-SA 3.0 위키피디아 영국)

흐름으로 읽는
서양건축의 역사

초판 1쇄 인쇄 2014년 2월 21일
초판 1쇄 발행 2014년 2월 28일

지은이 배대승

펴낸이 김호석
펴낸곳 도서출판 대가
편집부 주광욱
디자인 김진나
마케팅 김재호, 이정호
관　리 신주영

등록 제 311-47호
주소 경기도 고양시 일산동구 장항동 892 유국타워 1014호
전화 02) 305-0210 / 306-0210 / 336-0204
팩스 031) 905-0221
전자우편 dga1023@hanmail.net
홈페이지 www.bookdaega.com

ISBN 978-89-6285-133-5　93610

이 도서의 국립중앙도서관 출판시도서목록(CIP)은 서지정
보유통지원시스템 홈페이지(http://seoji.nl.go.kr)와 국가
자료공동목록시스템(http://www.nl.go.kr/kolisnet)에서
이용하실 수 있습니다.　(CIP제어번호 : CIP2014006424)